植西 聰
Akira Uenishi

あなたが気づいていない
愛と幸せが現実になる
魔法のノート術

ビジネス社

まえがき

「私の人生、このままでいいのかな……？」

「何か新しいことをしたいのに、何をしたらいいのかわからない……」

そんなモヤモヤした気持ちを抱えている人が、そこから一歩、踏み出すために、いい方法あります。

それは、思いを文字にして書き出すことです。

書くことは、頭の中にある漠然とした悩みや不安、自分でも無意識のうちに抑え込んでいる欲求、これまで見て見ぬふりをしてきたことなどを、自分自身で改めて認識するために、とても有効です。

人の思いは空に浮かぶ雲に似ています。

時間とともに変化するため、ハッキリと形がわからず、放っておけばいつしか消えてしまいます。

しかし、雲のような「思い」も、書き出すことで、ごまかしようのない「言葉」や「文章」へと変わります。

そして、言葉や文章になった思いは、ただ心の中の中に漂っていたときよりもずっと強い力を持ち、私たちの毎日に強い影響を与えるようになるのです。

それは、空の上では雲として漂うだけだった水蒸気が、集まって水になると天の恵み、そしてときには天災をもたらすような大きなパワーを持つことにも似ています。

人は意外と、自分の本心に気づいていないものです。

本当はやってみたいことがあったり、今いる環境を変えたかったりするのに、「一時的な思い」だと、自分で切り捨てて、結局は昨日と同じ毎日を繰り返している人も多いはずです。

とにかく、思いを書き出してみましょう。

書くという行為を通じて、自分の心と向き合ってみましょう。

それが、一度きりの人生を、「本当の自分」らしく生きることにつながります。

植西 聰

愛と幸せが現実になる魔法のノート術

目次

第1章 書くことで心が強くなる基本ルール

第2章

書けば書くほど心のモヤモヤが晴れる

第3章

書けば書くほど怒りがしずまる

第4章

書けば書くほど自分が好きになる

第5章

書けば書くほど人間関係がよくなる

第6章

書けば書くほど毎日が楽しくなる

第7章

書けば書くほど夢が叶う

第8章

書けば書くほど人に好かれる

第9章

書けば書くほど人生が充実する

第 1 章

書くことで心が強くなる基本ルール

書くことで心にプラスの感情が増えやすくなる

がんばって人前では笑顔でいるけれど、心の中にはさまざまな悩みを抱えている。そんな人が増えています。

「毎日同じことの繰り返しで退屈」
「周りの人の目を気にしすぎてしまう自分の性格が嫌いだ」
「友達がどんどん結婚していく。一人でいる時間が寂しくてたまらない」
「派遣社員の契約がもうすぐ切れる。特にスキルもないし、将来のことを考えると不安でお風呂の中で泣いてしまった……」

将来への不安や孤独感、自己嫌悪の気持ち、過ぎ去ってしまったことへの後悔など、悩みの種類はさまざまです。

しかし、悩みは放っておくと、どんどん大きくなり、心にマイナスの感情をため込むようになります。

そして、マイナスの感情が増えるほど心は弱くなり、運気もダウンしてしまいます。

そんな悪循環から抜け出すためにおすすめの方法があります。

それは、自分だけのノートをつくり、そこに「思い」を書き出してみることです。

頭の中だけでアレコレと考えていると、答えが見つからず、そこから永遠に抜け出せないように感じてしまいます。

しかし、頭の中のモヤモヤを思い切って紙に書き出してみると、不思議なほど心がスッキリとします。

なぜなら、心の中でグルグルと渦巻いていた言葉を外に出すことで、心の中に新しいスペースができ、プラスの感情が増えやすくなるからです。

たとえるなら、**思いを書き出すことは、締め切った部屋の窓を開けて濁《にご》った空気を外に出し、新鮮な空気を入れるようなもの**なのです。

Point

考えていることや、自分の気持ちを書くと、心がスッキリする

書くことでマイナスの感情が消える

「心配だ」「つらい」「苦しい」「イライラする」「ムカつく」「イヤだ」「ツイていない」「疲れた」……。

こんなマイナスの感情が心の中にたまると、ちょっとしたことで落ち込みやすくなったり、自分に自信が持てなくなったりします。

そんな状態から抜け出したいとき、私たちはよく、「気分転換」になるようなことをします。

それは、私たちの本能が気分転換をすることで、「嬉しい」「楽しい」「安心」「おいしい」などの、プラスの感情を心の中に増やし、マイナスの感情を心の外に追い出そうと考えるからです。

しかし、心の中にマイナスの感情があふれている状態のまま、プラスの感情が生まれるような行動をしても、それが打ち消されてしまうことがあります。

そんなとき、**本来の自分を取り戻すためには、あえてマイナスの感情をノートに書き出してみることが効果的**です。

「○○さんに嫌味を言われて、つらかった」

「セールで買ったワンピースが、着てみたら似合わなくてショックだ」

そうやって、マイナスの感情を書き出してみると、自分の悩みを客観的に見ることができます。

そして、**客観的に見てみると、ものすごくつらかったことが、「意外と小さい悩みだった」と気づき、気持ちが楽になる**ことがよくあるのです。

ですから、気分転換をしても気分が晴れないときは、意識的にネガティブな思いを紙に書き出してみましょう。

書くことで、マイナスの感情が発散されて、心の中からきれいに消えてなくなるのです。

Point

弱った心を立て直すために、マイナスの感情を書き出そう

手で文字を書くだけで脳が活性化する

何かを書き出すときは、パソコンやスマートフォンを使うのではなく、手書きで書くようにしましょう。

「この頃、パソコンで文字入力をすることに慣れてしまって、文字を手で書く機会がめっきり減った」という声をあちこちで耳にします。

確かに、キーボード入力は、短時間で大量の文字が打てるため、とても効率的です。しかし、手書きをやめてしまうと、字を忘れるだけでなく、脳も刺激されなくなってしまいます。

実際、鉛筆やボールペンで紙に「書く」ことは、記憶することや、物事をより深く考えるための手助けとなります。

学生時代にテスト勉強をしたとき、暗記したい内容を何度も何度もノートに書き出すことで、覚えた人も多いでしょう。

それは、同じ内容なら、聞いたり読んだりするよりも、手を使って書いたほうが、ずっと脳に記憶されやすくなるからです。

書くことが脳にいいため、認知症の予防のために日記を書いてもらうというお年寄り向けのトレーニングもあります。

現代の日本人の生活の中では、手書きの文字を書く機会というのは、手帳に予定を書き込むくらい、という人も多いようです。

「もうずっと手で文字を書いていないから、漢字を忘れてしまった。手書きは時間がかかって面倒だ」という人もいるかもしれません。

しかし、そんな人こそ、もう一度、手を使って文字を書いてみてほしいのです。

普段、パソコンばかり使っていた人が、たまに鉛筆やボールペンで文字を書いてみると、それだけで脳がスッキリします。

そして**始めてみると、書くことの楽しさに気づく**はずです。

Point

パソコンやスマートフォンから離れて、手書きのよさを味わおう

書くことで「本当の自分」に気づく

多くの人は、「自分のことは自分が一番知っている」と思い込んでいます。

しかし、実際には、そんなことはありません。

なぜなら、私たちはいつも、仕事のこと、他人のこと、週末の予定のことなどを考えていて、自分自身のことを考える時間というのは、実はあまり多くないからです。

たとえば、「あなたは何をしているときが一番ハッピーですか？」と質問されて、すぐに答えられる人は多くないでしょう。

「そうですね……。忙しくて普段はのんびりできないので、寝ているときが幸せかなあ」とか、「うーん、どうかな。よくわからないけど、おいしいものを食べているときがやっぱり嬉しいですよ」など、あいまいな答えをする人が大半です。

しかし、これはとてももったいないことといえます。

なぜなら、**自分の好きなことや嫌いなことを理解していれば、自分をハッピーにす**

る方法もわかり、機嫌よくいられる時間がグッと増えるからです。

自分はどんなことが好きなのか。

自分はどんな人生を送りたいのか。

自分にとっての理想の自分とは、どんな状態なのか。

まずは、そのようなことをしっかりと考えてみることが大事です。

それができたら、今度は、自分の心が喜ぶこと、前向きな気持ちになれることを、日常生活の中に取り入れていきましょう。

そのために役立つのが、自分のことを分析して記録するノートをつくることです。

ノートに記入するときは、理想をいえば、周りに人のいない静かな場所で、集中しながら書くようにするといいでしょう。

自分の本心に向き合う時間は、きっと新しい発見をもたらしてくれるはずです。

Point

自分の胸のうちを書き出すと、ハッピーになるヒントが見つかる

一人でノートに向かう時間をつくる

「日々のストレスを軽くしたい」という思いから、ノートに自分の気持ちを書き始めた綾子さん（仮名・26歳）は、書くことの効果を実感しながらも、新たな悩みを抱えてしまいました。

それは、「平日は仕事で忙しくて、自宅へ帰っても書く気力が湧かない。かといって、休日もお友達からの誘いがあるので、あまり書く時間が取れない」というものです。

実は、彼女のような悩みを持つ人は少なくありません。

現代人は、常に忙しく、何かに追われています。自分では忙しくしていないつもりでも、スケジュール帳には予定がびっしり書いてある、という人もいるでしょう。

しかし、忙しいと心の中もあわただしくなるので、物事をゆっくり考えられなくなります。

そうなると、自分自身の心の声に耳を傾ける余裕もなくなってしまいます。

書くことは、意外と頭を使うものです。何かをしながらでは難しいですし、体も心も疲れている状態では考えることもできません。

ですから、書く習慣を身につけるためには、一人でノートに向かう時間をつくることをおすすめします。

「そんな時間がないくらい忙しいのに……」と思う人もいるかもしれませんが、5～10分程度の短い時間でもいいのです。

何よりも大切なのは、毎日、少しの時間でも自分の心と対面できる時間があるか、ということです。

たとえば、仕事や買い物の帰りに、ふらりと立ち寄れるカフェに行って書いたり、図書館などの静かな空間を利用したりするのもいいと思います。

意識して、仕事や人から離れてノートを書く時間をつくると、プラスの感情が増えやすくなり、心が強くなっていきます。

Point

短い時間でも、頭を使って一人で考える時間をつくる

自分の気持ちを正直に書く

何かを書くときは、自分の気持ちを正直に書くことを心がけましょう。

「そんなの当たり前」と思う人もいるかもしれませんが、正直に書くというのは、想像している以上に大変です。

実際にやってみるとわかるのですが、多くの人は、日常生活でホンネとタテマエを使い分けているため、本心では「やってみたい」「これが好き」と思っていることでも、無意識のうちにそういった部分を隠してしまいがちなのです。

たとえば、「いつも人の顔色をうかがうような性格を直して、明るく過ごしたい」「やさしい男性と結婚して、安心できる家庭を築きたい」といったような夢を書こうとしても、その一方で「でも、そんなことは無理かもしれない」という思いが頭をよぎって、別の内容に変えてしまう、というようなパターンです。

実際に、ある女性は、「肌にやさしい化粧品を開発する会社をつくりたい」と書こうとしたのですが、「私がそんな大きなこと、できるはずがない……」と思って、書く手を止めてしまったと話していました。

また、「今の仕事は自分に合わないのかも」「お給料が安いことが不満」「上司が細かいことにうるさくて、仕事に集中できない」などとマイナスの感情を書いていると、次第に「悪口や不満ばかり書いていていいのかな?」と罪悪感を抱いてしまうこともあるかもしれません。

それほど、ホンネを書くのは難しいことなのです。

そんなときに**意識して欲しいのは、とにかく心の中のホンネを書き出すことが目的なのであって、そのあとのことまで考えなくてもいい、ということ**です。

そもそも、**ノートは自分だけの宝物**です。誰にも見せる必要はありませんし、それを書いたことで、誰かに何かを言われるようなこともありません。

ですから、遠慮せずに自分のホンネをどんどん書いていきましょう。

Point

書けば書くほど、隠していたホンネが見えてくる

思いついたら、すぐに書いてみよう

ここまで、「書き出す」ことの効用を紹介してきました。

もし、「おもしろそう」と思ったら、今すぐノートを用意して、書き始めてみましょう。「思い立ったが吉日」ということわざもあるように、「やってみようかな」と思った瞬間が、物事をスタートするのに最もいいタイミングだからです。

とはいえ、「いざ書くとなると、考えるのがおっくうになってくる」「正直なところ、書くだけで心にいい変化があるなんて信じられない」などと考えてしまい、なかなか行動に移せない人もいるかもしれません。

そういう人におすすめしたいのは、**「一つだけでもいいので、とりあえず今日中に何でもいいからを書いてみる」**ということです。

ノートを用意できなくてもかまいません。**必要なものは、自宅にある紙一枚とペンだけ**です。

書くときは、何かテーマがあるのが望ましいのですが、**何も思いつかなければ、まずは日記を書いてみるといい**でしょう。

内容は自由です。今日、職場で起きたことを書いてもいいし、同僚と食べたランチの感想を書くのもいいでしょう。テレビで見た番組に対して、自分の意見を書くのもおもしろいかもしれません。

それができたら、「次は、やってみたいことリストをつくってみよう」「自分好みのノートを買ってきて、続けてみようかな」と、やる気が湧いてくることでしょう。

新しいことを始めるとき、人はつい臆病になります。それは、失敗したときのリスクを無意識のうちに考えてしまうからです。

しかし、**「書き出す」ことで失うものは何もありません**。それどころか、得られるものは実に多くあります。

とにかく、始めてみましょう。一歩を踏み出すことに価値があります。

Point

小さなことを一つでも書けば、やる気がきっと湧いてくる

考えすぎずに、気楽に書こう

「書き始めて数日はとても楽しかったけど、『今は、毎日何を書いたらいいんだろうか？』と悩むことが増えた」という人がいます。

その一方で、

「思ったほど大変じゃなかった。どんどん書くことが好きになってきた」

「予想していたほど面倒じゃない。ノートに書くことで人生が自分の望む方向へ変わってきた」

「半年もしたら、書きたいテーマが自然に見つかるようになった。作家になった気分で書くのが楽しい」

という声もよく耳にします。

この差は、どこから来るのでしょうか？

たいていの場合、書けなくなる人は、書くことを大げさに考えすぎています。

「せっかく書くんだから、あとで読み返したときにわかりやすいようにきれいに書こう」「もしかして、誰かに見られるかもしれないから、変なことは書かないようにしよう」そんなふうに考えてしまうため、書くことに時間がかかり、だんだんと面倒になってしまうのです。

反対に、**書き続けることができる人は、あまり深く考えず、気軽に書いていることが多い**ようです。

ノートをいつも持ち歩いて、ちょっと時間ができたときに、そのときの気持ちをメモする、というような使い方をしている人もいます。

もともと持っていた手帳の隅に書いている、という人もいます。

書き方や、書く内容に正解はありません。人それぞれでいいのです。

うまく書けないなら、1行でもいいし、休む日があってもかまいません。

大げさに考えず、今、心の中にある気持ちを文字にすることから始めましょう。

Point

気軽に取り組んだほうが、長く続けられる

昔の人も文字を書いて気持ちを整理していた

おもしろいことに、プラスの感情を紙に書くと増大して、マイナスの感情は紙に書くと小さくなる、という特性があるようです。

絵馬というものがあります。

神社やお寺に願い事をするとき、または祈願したことが叶ったときに奉納するものですが、現代では特に願い事を書いて、境内につるす形式が一般的です。

では、なぜ私たちは、願いを文字にするのでしょうか。それは、文字として書くことで願いが明確になり、脳に願いを刻みつけることになるからです。

絵馬の歴史は古く、平安時代から存在していたそうです。

つまり、それほど**昔から、日本人は願い事を文字にすることで、それが現実になるよう祈願するという行為をしていた**のです。

すでに書いたように、プラスの感情は書けば書くほど、その気持ちが強くなるという効果があります。

お世話になった方に向けて、「ありがとうございました」という手紙を書いているときは、何もしていなかったときに比べて、感謝の気持ちが大きくなります。

書きながら、その人にしてもらった親切を思い浮かべるからです。

「願いが叶いますように」と書けば、その願いが叶ったときのシーンをイメージして、心がワクワクすると同時に、「絶対に叶ってほしい」という気持ちが強くなります。

反対に、怒っている気持ちや、悲しい気分などを紙に書いているうちに、冷静さを取り戻すことができることが多いから不思議です。

書けば書くほど怒りが大きくなるとか、悲しみが増大するということは、ほとんど聞いたことがありません。

このように、書くことには、たくさんのメリットがあるのです。

思っていることをどんどん書いて、心をプラスにしていきましょう。

Point

プラスの感情は紙に書くと大きくなって、マイナスの感情は紙に書くと小さくなる

効果が感じられなくても、あきらめない

書くことを習慣づける途中で、多くの人がぶつかる壁があります。

それは、「こんなことをして、どうなるんだろう」「本当に効果があるんだろうか。時間のムダかもしれない」という疑いの気持ちが出てくることです。

この疑いの気持ちが大きくなると、「他にやることがたくさんあって忙しい……」と言い訳をしたり、「どうせ効果なんてそんなにないはず。今もまあまあ楽しいんだからいい」と開き直ったりして、どんどん書く意欲がなくなってしまい、しまいには「もう、いいや」と途中で投げ出してしまいたくなります。

確かに、書くことの効果は、「今すぐ」に現れるわけではありません。

けれども、「書く」という作業をコツコツ続けていくことで、次第に心の状態をプラスにし、プラスの出来事を引き寄せられるようになるのです。

ですから、たとえすぐに思ったような効果が出なくても、書くことを投げ出さない

ではしいと思います。

早く寝たい日、疲れた日に、ノートを開くことが、つらいことに感じることもあるでしょう。

しかし、「継続は力なり」という格言があるように、休んでもいいので少しずつでも続けていれば、必ず、成果が得られます。

走っている車は、たとえ行き先を間違えても、また違う方向に進んでいくことができます。

一方、エンジンを切ってしまった車は、どこへも行けません。

この本を手に取ったのも、何かの縁です。せっかくなら、書くことで人生が変わったと感じられるまで、続けてください。

不器用な人も、今は自分は不幸だと思っている人も、自分に自信がない人も、書くことを続ければ、毎日をハッピーに変えていくことができるのです。

Point

どんな人でも、コツコツ書き続ければ心が強くなる

Chapter 1

ノート術基本ルールのまとめ

- 心の中でグルグルと渦巻いていた言葉を外に出してみよう
- 本来の自分を取り戻すために、マイナスの感情を書き出してみよう
- 手で文字を書くと脳がスッキリする！
- 自分のことを分析してみよう
- 静かにノートと向き合う時間をつくろう
- 書けば書くほど、隠していたホンネが見えてくる！
- あとのことを考えず素直に書こう
- まずは気楽に書き始めてみよう
- 書くことを大げさに考えないこと！
- 日本人は古来文字を書いて心を落ち着かせてきた！
- コツコツ書いていけば心は必ず変わる！

第 2 章

書けば書くほど心のモヤモヤが晴れる

不平不満をとにかく書き出す

心の中に不安や悲しい気持ち、つらい気持ちなどのマイナスの感情がたまっていると、心は弱ってしまいます。

「何だか心がモヤモヤするな」と感じたときは、マイナスの感情が増えているサインだと考えたほうがいいでしょう。

こんなときは、とにかく思いつくだけ不平不満をノートに書き出しましょう。


「自宅と職場の距離が遠くて、通勤が大変。早起きするのもつらい」

「自分ばかり手のかかる仕事を押しつけられていて、他の人がラクをしている」

「最近、恋人がそっけない気がする。何かやましいことでもあるはず！」

「友達に真っ向から自分の意見を否定されて、傷ついた」

「英会話を習い始めたけど、なかなか上達しない」

「最近、流行っているテレビ番組が苦手。うるさいだけで、何がおもしろいのかが、まったくわからない」

「来週、苦手な○○さんに会う予定がある。今から憂うつな気分だ」

このように、**誰かに話を聞いてもらっているつもりで、どんどんグチを書いてください。書けば書くほど、心が晴れ晴れとしてきます。**

世の中では、不平不満を口に出すことは悪いことと思われがちです。

確かに、ところかまわず不平不満を言う人は、周りの人にマイナスの感情を伝染させてしまうので、迷惑に思われることもあるでしょう。

しかし、**ノートに書くだけなら、人に見せることもないので、誰にも迷惑をかけることなく、思いっきりマイナスの感情を吐き出すことができます**。そんなことくらいで、元気になれるわけですから、書いたほうがいいに決まっているのです。

誰だって、いつもポジティブな気分でいられるわけではありません。

不平不満を吐き出して、気持ちをうまく切り替えましょう。

Point

どんどんグチを書けば、思う存分マイナス感情を吐き出せる

不安になったら、思い当たる理由を書く

心の中がモヤモヤするのは、マイナスの感情が増えている証拠です。

では、これ以上マイナスの感情を増やさないためには、どうしたらいいでしょうか？

その第一歩は、マイナスの感情を生み出している不安の正体を知ることです。

その正体を突き止めるためには、何か不安を感じたときに、「なぜ、自分は今、不安なのだろうか？」と自分の心に問いかけてみることが効果的です。

そして、思い当たる理由を考えてみて、ノートに書き出してみるのです。

たとえば、「職場で自分はどんなふうに評価されているのか、不安になる」という場合はどうでしょう。

「同僚が同じ業務をしているのに、自分より高い評価を受けている」

「学生時代の友達が仕事で活躍している話を聞いて、うらやましくなった」

「仕事が遅くて落ち込むことが多い」

「おとなしい性格なので、この職業に向いていないかもしれないと心配になる」といった理由が思い当たるかもしれません。

このように、不安になる理由はいろいろあります。

一つの原因が大きく関係していることもあれば、たくさんの原因が少しずつ関係していることもあります。でも、とにかく書き出してみることで、自分でも気づかなかったような要因が見えてくることも多々あるのです。

不安の正体が、「何が不安なのかわからないけど、とにかく不安」ということも珍しくありません。

しかし、不安の正体がわかれば、対策を講じることができるため、何もしないでいるときよりもずっと、前向きな気持ちで過ごせるようになります。

心をプラスにするためにも、不安の正体をしっかり見極めることが大切です。

Point

不安の正体を知ることが、不安を解消する方法を思いつく第一歩となる

マイナスの思い込みを点検する

誰でも、何かしらの思い込みを持っているものです。

たとえば、子どもの頃に親や先生から「君はもっと勉強をがんばらないとダメだ」と言われ続けてきた人は、「私は勉強ができない」という思い込みと、勉強に対する苦手意識が強くなっているものです。

そして、**思い込みは人を弱気にします。**

たとえば、新しく勉強したいことがあっても、「私はずっと勉強ができなかったし、今からやってもきっとダメだろう」と挑戦をあきらめてしまうという具合です。

このような、**マイナスの感情がもとになっている思い込みがあると、思い切って行動したほうがいい場面で、一歩を踏み出す勇気が持てず、せっかくのチャンスをダメにしてしまう**という残念な結果を生んでしまいます。

そうならないために試してほしいのが、自分が持っているマイナスの思い込みを書き出してみることです。

「何をやっても飽きるのが早い」

「一人で買い物をしたり、外食をしたりするのが不安」

というようなことがあげられるかもしれません。書き終わったら、今度は、今、書いた「自分のマイナスの思いこみ」の下に、こう付け加えましょう。

「という思い込みを手放します」

そして、何度も口に出して、読んでみてください。たとえば、**「私は、何をやっても飽きるのが早い、という思い込みを手放します」**というような感じです。すると、今までの思い込みがちっぽけなもののだったことに気づくはずです。

思い込みには、何の根拠もないのです。そんなものに縛られる必要はありません。

マイナスの思い込みを点検し、紙に書き出して、いらないものはどんどん捨てていけば、笑顔で過ごせる時間もきっと増えていくでしょう。

Point

必要のない思い込みは、書いて捨ててしまおう

つらい出来事から学んだことを書く

「結婚を考えていた彼氏に、ふられてしまった」
「雇用の契約を打ち切られて、この先の生活費が心もとない」
「突然、病気になり2カ月通院したが、なかなか治らなかった」

このように、つらい出来事に直面したときは、「私がどうしてこんな目にあわなければならないの」と、暗い気持ちになってしまうものです。

しかし、**マイナスの感情をため込めば、マイナスの出来事をさらに引き寄せてしまうことになります**。こういうときは、これ以上マイナスの感情を増やさないように、上手に気持ちを切り替えていくことが大切です。

そのために効果的なのが、その**つらい出来事から学んだことを探して、書き出していくこと**です。

「彼にふられたのは、私に合う人は他にいると神様が教えてくれたんだ。そういえばあの人は、思いやりの足りない人だった。次は、思いやりのある男性と交際しよう」

「くやしいけど、リストラされたことで、まとまった時間ができた。この機会に、次のステップのために、これまでやってみたかった資格取得の勉強をしてみよう」

「病気になったということは、これまでの生活習慣に問題があったのかも。症状が重くならないうちに、忙しい生活を見直すことができてよかった」

このように、つらい出来事の振り返りから、「この部分は改めたほうがいい」「次からはこうすればいい」というプラスの面が発見できるのです。

どんなにつらいことでも、起こってしまった事実は変わりません。

しかし、考え方を変えれば、その後の気持ちも行動も前向きに変えることができます。

つらい出来事が自分に与えてくれたものは、きっとあるはずです。それを書きながら見つけてみましょう。

Point

受け止め方次第で、つらい出来事からプラスの面を発見できる

失うものの代わりに、新しく得られるものを書く

これまで持っていたものや、当たり前のように存在していたものを失ってしまうと、不安や動揺で心がモヤモヤするものです。

たとえば、「会社の転勤が決まり、長年住み慣れた街を離れることになった」という状況になったとしましょう。

「大家さんもお隣の人も皆、いい人だったから、引っ越すのは寂しい」

「住み心地のいい街だったのに。転勤先はこんなにステキな街ではないだろうな」

そんなふうに考えて、落ち込む時間が増えてしまうかもしれません。

しかし、今さら状況を変えることはできません。**どうにもならないことをいつまでも心配していると、どんどん心が弱くなってしまうだけ**です。

そうならないためには、**「失ったものの代わりに、何が得られるか」ということを考えて、書き出してみるといい**でしょう。

日本のことわざに、「禍転《わざわい》じて福と為《な》す」「怪我《けが》の功名《こうみょう》」というものがあります。

つらい出来事がきっかけになって、いいことが起こることも多々あるので、たとえ不運なことや困ったことが起きても悲しむことはない、という意味です。

「失う」という言葉には、どうしてもネガティブなイメージがありますが、「代わりに何が得られるのだろう」というとらえ方をすると、ポジティブなイメージに変わります。

「今のご近所さんとお別れすることによって、新しく知り合える人たちもいる」

「今度住む街には、きっと楽しい出会いが待っている」

「新しい職場に行くことは、新しい人脈と仕事の技術を身につけるチャンス」

こんなふうに書くと、大切なものを失う悲しみがやわらいで、新しく得られることに対する希望が湧いてくるようになるでしょう。

Point

「代わりに得られるもの」を考えると、失う悲しみがやわらぐ

悩みを書き出し、「締め切り」をつける

悩みがあるとき、「このままではダメだ」「どうしたらいいんだろう？」と頭の中でいくら考えても、なかなか答えが見つからないものです。

そんなときは、悩みの内容をノートに書き出してみましょう。

そのとき、**悩むことに「締め切り」をつける**といいでしょう。

なぜなら、**「このときまで悩んでいい」という締め切りがあると、「その日までに結論を出さなければ」という意識が働き、いい解決法が見つかりやすくなる**からです。

真子さん（仮名・26歳）は、レストランで働きながら、イラストレーターとしても活動して3年近く経ちます。

しかし、ここ1年くらいは「そろそろ仕事を一つに絞りたい。だけど、どちらが本当にやりたいことなのかがわからない」と悩んでいました。

そこで彼女は、その**悩みを書き出し、「あと半年」と横につけ加えました。**

つまり、締め切りを「半年後」に設定し、あと半年で、どちらの仕事を続けるか結論を出すと決めたのです。

そして、半年後、真子さんはイラストレーターの仕事を続けることにして、レストランの仕事は休業することにしました。

「迷いはありません。半年間、しっかりと考えて決めたことですから。それにしても、期限を決めてよかったです。期限がなければ、今でもウジウジと悩んでいて、中途半端な気持ちで過ごしていたと思います」

と真子さんはスッキリした表情で笑っていました。

結論の出ないまま、悩み事を長い間抱えたままでいると、心の中のマイナス感情が増えていってしまいます。

まずは書き出すことで、悩みを整理しましょう。そして、整理がついたら、期限をつけて結論を出しましょう。すると、人生を一歩前へと踏み出せるのです。

Point

「このときまで」と期限を決めると、悩みの結論が出やすくなる

悩みを「解決できそうなこと」「解決できないこと」に分類する

「悩み事が絶えない」というタイプの人がいます。

こういう人には、悩み事をノートに書いて分類することをおすすめします。

悩みには、大きく分けて2種類のものがあります。

それは、「自分で解決できそうなこと」と「自分ではどうにもならないこと」です。

「日中にメールや電話がたくさんくるせいで、なかなか仕事に集中できない」

「○○さんと会って話すと、終わったあと、どっと疲れて憂うつな気持ちになる」

という悩みは、「自分で解決できそうなこと」です。

「どうしたらいいか？」と解決策を考えてみると、

「1日のうちで数時間、電話やメールに対応しない時間をつくる」

「○○さんと会うときは短時間で切り上げる。二人きりで会わないようにする」

というように、自分の行動を変えることで対応できるからです。

一方で、「自分ではどうにもならない」悩みもあります。

たとえば、「友人が悪いウワサのある男性と付き合っていて、将来のことが心配だ」という悩みは、よくよく考えると自分の悩みでありません。他人の問題を心配しているだけです。

また、「学歴のことをバカにされる」という悩みは、厳しい言い方をすれば、悩んでも意味のないことです。**失礼なことを言う相手はどこにでもいますし、かといって、その状況を変えることもできない**からです。

このように、**2種類の悩みを分類できたら、「自分で解決できそうなこと」には前向きに努力をし、「どうにもならないこと」は思い切って忘れてしまいましょう。**

それでも心がモヤモヤしたときは、その悩みを紙に書き出してから、その紙を破いて捨ててしまえば、心もスッとするはずです。

こうして、**不必要な悩みを断ち切り、心のモヤモヤを確実に減らすことが大切**です。

Point

悩んでも意味のないことは、思い切って忘れてしまおう

「今できること」を一通り書き出す

心配性の人は、何かイベントなどがあるときに、「うまくいかなかったらどうしよう」とマイナスに考える傾向があるので、心が余計にモヤモヤしがちです。

このタイプの人におすすめなのが、今抱えている心配事に対して、準備できることを書き出してみるということです。

たとえば、自分が幹事になって、知り合いの人たちを集めてパーティーを開くことになったとしましょう。

楽しみな反面、「当日までに何をすればいいのか、わからない」「2、3人しか集まってくれなかったら、どうしよう」などと心配なことが出てくるかもしれません。

そんなときは、ノートに今、できることを書き出してみるのです。

「日程や会場、会費を決める」「会場にする場所を予約する」「知人にメールで案内を送る」「参加できる人を確認する」「会費を集める」「席順を決める」など、たくさんのことが考えられます。

一番悪いのは、「うまくいくだろうか」と心配するだけで、何も手がつけられなくなってしまうことです。

心配だけしていても、何も決まらないまま時間はどんどん過ぎていきます。

準備できることを一通り書き出してみると、あとは一つ一つ実行すればいいだけなので、心にゆとりができます。

早めに準備をすれば、問題点も早いうちに明確になりますし、困ったことがあれば誰かに相談することもできます。

「備えあれば憂いなし」ということわざがあるように、丁寧に準備をしておけば、心配事はグッと減ります。

実際のところ、何をするにも準備をすることはとても大切です。

心配するよりも準備することに目を向けることが、心を明るく保つ秘訣です。

Point

書くことで、「備えあれば憂いなし」の状況をつくる

トラブルの中に隠されたヒントを探す

何か想定外のトラブルが起きると、つい、「どうしよう。このままでは大変なことになってしまう」とパニックになり、余計に事態を悪化させてしまいがちです。

しかし、**トラブルはある意味、あって当たり前のこと**です。

ですから、何かトラブルが起こったときは、「こういうこともある」と冷静な気持ちになって、事態を受けとめましょう。

そうすると、「どう対処したらいいだろう？」と落ち着いて考えることができます。

冷静さを取り戻すための方法の一つが、今起きている問題を書き出してみる、ということです。

そして、次に考えられる対処法について書き出していきます。

たとえば、「友達にお金を貸したけど、なかなか返してくれない」というとき、「なんで返してくれないんだろう。ひどいよ！」と怒っていても何も解決しません。

そんなときこそ、冷静になって、

「○月○日に、○○さんに貸した○万円を、まだ返してもらっていない」という現実を書き出したあとで、

「『あのとき貸したお金、いつ頃返してくれるかな？』と率直に聞いてみる」

「分割して返してもらうようお願いする」

「共通の知人に近況を聞いてみる」

「返してくれる様子がなければ、お金のことは半分あきらめて、今後のお付き合いを控えるようにする」

など、**実際にできそうなことを書いてみる**のです。

すると、解決に向けてのヒントが必ず見つかるはずです。

これを繰り返すことで、トラブルへの対処術が身につき、何があっても落ち着いて対処できる自分になっていけます。

Point

トラブルの中身と解決法を書き出すクセをつけると、めったなことで動揺しなくなる

傷ついている自分に慰めの言葉をかける

生きていれば傷つくこともあります。

「真剣に取り組んだ仕事なのに、思うような結果が出せなかった……」

「誰かが私について根拠のないウソのウワサを流しているみたいだ……」

このようなことが起きれば、心がマイナスになるのは当然です。

最悪の場合は、ストレスで、精神的にまいってしまうこともあるでしょう。

こういうときは、「もっと自分がこうしていればよかったのではないか」「自分の何が悪かったんだろう」などと、自分を責めるほうへ意識が向いてしまいがちです。

しかし、**もう終わってしまった悲しい出来事の原因を自分に結びつけて落ち込むことには、何の意味もありません**。

それよりも、心の中にあるマイナスの感情を癒《いや》してあげることが先決です。

具体的には、傷ついている自分に慰めの言葉をかけてあげるのです。

「あなたは一生懸命、できるかぎりの仕事をしていた。今回は思うような結果が出なかったけど、次はきっとうまくいく！」

「ウソのウワサを流されたって、気にする必要はない。あなたの実力はみんな知っているんだから。ウワサ話を流した相手には、いつかきっと罰があたるはず！」

そんなふうに、

「誰かにこんなふうに言ってもらえるとうれしい」と思うことを書いてみましょう。

そうすると、それを読むたびに心がスーッと楽になるはずです。

悲しい気持ちは無理に抑え込んではいけません。抑え込むよりも、文字にして吐き出したほうが、心の負担はグッと小さくなります。

他人が慰めてくれないなら、自分で慰めればいいのです。

自分自身の言葉で自分の傷ついた心を癒すことで、打たれ強い自分になれるのです。

Point

「誰かに言ってほしい」言葉を自分にかけると、悲しみが癒される

Chapter 2

心のモヤモヤが晴れるノート術のまとめ

- ノートにはいくらグチってもかまわない！
- 不安の源を書いてみよう
- マイナスの思い込みを点検し「手放し宣言」をしよう
- マイナスの感情がさらに
  マイナスの感情を引き寄せてしまうことに要注意！
- 失ったものの代わりは必ずある！
- 悩みの解決法を見つけるポイントは「締め切り」！
- どうしてもモヤモヤする悩みは
  紙に書きその紙を破り捨てよう
- 心配する時間を準備する時間に振り替え！
- 現状を冷静に書けば「トラブル耐性」が強くなる！
- 悲しみは自分で癒すことができる！

第 3 章

書けば書くほど怒りがしずまる

一日のうちに何度、腹を立てているか、振り返ってみる

多くの人は、できれば笑顔で毎日を過ごしたいと思っています。

しかし、実際にはそれができている人は少数で、自分では気づかないうちに、しょっちゅう腹を立てているという人も少なくありません。

自分が日常生活の中で、どれくらい怒っているかを気づくための方法として、怒るたびに、そのときのエピソードを書き出すというやり方があります。

ある女性は、腹が立つたびに、その感情を文字にしてノートに書いていました。ある日、彼女はそのノートを見返していて、ショックを受けました。なぜなら、「私は毎日、誰かに対して腹を立てている！」と気づいたからです。

「このままではいけない」と思った彼女は、それ以来、自分にも他人にもやさしく接することを心がけるようになったということです。

怒りの感情を感じたあとに、どのような行動をするかは、人それぞれ異なります。

たとえイライラすることがあっても、怒りの感情に振り回されることなく、上手にコントロールできる人もいます。その一方で、心に湧きあがる感情のままに誰かを攻撃するようなことを言ったり、許せないことを心の中にいつまでも引きずっていたりする人もいます。両者の違いは何かというと、心の状態がプラスになっているか、マイナスになっているかの差です。

普段、心がプラスになっていれば、腹が立つようなことがあっても、プラスのエネルギーに打ち消されてしまうため、怒りはすぐに消えていきます。

逆に、マイナスのエネルギーが多い人は、怒ると手がつけられません。

ですから、**自分が怒りっぽいとわかったら、意識的に心にプラスのエネルギーを増やすような習慣を持つといい**のです。

このように、思ったときに思ったことを書き、それを振り返ることによって、人は自分を変えられるのです。

Point

怒りの感情を記録することで、自分を客観的に眺められる

イライラする人に言いたいことを書く

腹が立つ相手に対して、「そういう態度はやめて」「いい加減にして」などと、気持ちをストレートにぶつけたくなるものです。

しかし、社会人の場合、怒りの感情を表に出すことはいいことではありません。あとで、「あのとき、あんなふうに怒らなければよかった」と後悔することもしばしばあるからです。

「後悔先に立たず」ということわざもあるように、怒ってしまったことを悔やんでも取り返しはつきません。

そこで、うっかり怒ってしまうのを防ぐためにやってほしいのが、心の中にある怒りの感情を、紙に書き出すということです。

たとえば、騒音がうるさい隣人に対しては、

「夜中に騒ぐなんて非常識にもほどがある。今すぐ、静かにしてほしい！」

また、自分がやっていることに反対ばかりする母親には、

「お母さん、何でもかんでも否定しないでほしい。私はもう子どもじゃないんだから、自分のことは自分で決める！」

という具合です。

このように、心のおもむくまま、あまり深く考えずに書いてみましょう。

ただし、「バカヤロー」「死んでしまえ」「地獄に落ちろ」といったひどい言葉は、避けてください。

感情を吐き出すことと、人をけなすことや人の不幸を願うことは違います。人の不幸を願う人のところに、不幸がやってきてしまうのです。

とにかく、我慢しすぎるのは体によくありません。

書くことを利用して、心のガスをうまく抜いていきましょう。

Point

怒って後悔するよりも、言いたいことをそのまま書く

イライラする人とその原因を把握する

人がイライラするときは、その先にイライラさせる「誰か」が存在します。

この事実をハッキリさせるためにやってほしいのが、**イライラする人と「なぜイライラするのか」という原因をセットにして書き出してみる**ことです。

「隣に住んでいるRさんという男性が嫌いだ。原因は、夜中でも騒ぐことが多くて、うるさくて眠れないことがあるから」

「会社の先輩のK子さんが苦手。ことあるごとに、自分の彼氏やブランド物の自慢ばかりしてくる。しかも、きちんと聞いてあげないと機嫌が悪くなるから」

「母親と話したくない。自分がやることに対して『それはダメ』と反対ばかりするから」

さて、何人の名前が出てきたでしょうか？

「一人だけ」という人もいれば、「10人以上はいる」という人もいるでしょう。

なかには、「イライラすることが多いと感じていたけど、イライラする人はそんなにいない」ということに気づいた人もいるかもしれません。

イライラする人が一人という人は、単にその人との相性が悪いだけなのでしょう。その人とはうまくやりすごして、一緒にいて楽しい他の人と過ごす時間を大切にするといいと思います。

しかし、**イライラする人が何人もいる、数え切れないくらいいる、という人は、自分の心に問題があると考えたほうがいい**かもしれません。

相手が悪いから、自分がイライラしてしまうのではなく、自分がイライラしやすいから、たいして悪くない相手に対しても腹が立ってしまっている、ということです。

もし、自分がそういう状況だという人は、ストレスがたまり、心にマイナスの感情があふれている状態なのでしょう。

そんなときは、睡眠を多くとり、山や海など自然の中で過ごす時間を増やして、心にプラスの感情を増やしてください。プラスの感情が、心を強くしていきます。

Point

誰に、なぜ怒っているかを具体的にすると、イライラを小さくできる

怒りの感情をプラスの言葉に書き直す

「ムカつく人がいる。でも、その人に言いたいことを言えない」という状況は、誰でも経験したことがあるでしょう。

それもまた、心の中にマイナスの感情をためてしまう原因の一つになります。

そんなときに試してほしいのが、怒りの感情を書き出してから、プラスの言葉に書き直すという方法です。

まずは、隣に住む、騒音のうるさい男性Rさんの例を考えてみましょう。

どういう言い方をすれば相手を怒らせずに、なおかつ言いたいことを的確に伝えられるか意識して、文章を書いてみるのです。

このときに注意するのは、**文章の書き出しを「あなたは……」という書き方ではなく、「私は……」という言葉で始めること**です。

「私は、Rさんが夜中に立てている音が気になっています。その音が原因で眠れないこともあるので、夜はなるべく静かに過ごしてもらえませんか」

こう書いたように言うことができれば、相手も「すみません。気をつけます」と素直に聞き入れてくれる可能性が高くなるでしょう。

自分がやることに反対ばかりする母親にも同じことがいえます。

「私は、お母さんが私のことを心配してくれるのはうれしい。だけど、私ももう大人なんだから自分のことは自分で決めるね」

と言えば、母親とケンカになることもないはずです。

この表現方法は、**「アイ・メッセージ」**といいます。**「自分はどんなふうに感じているか」を主語にしているので、相手を攻撃することなく、怒りの感情を伝えることができます**。

このように、少し言葉の使い方を工夫するだけで、日常のストレスと人間関係のトラブルを防ぐことができるのです。

Point

「自分主語」の言い方に変えれば、怒りの言葉も伝えやすくなる

自分が「正しい」と思っていることを確認する

人は、他人の言動が自分の価値観からみて「おかしい」と思うとき、怒りの感情を抱きやすくなります。

たとえば、「どんな人に対しても、分け隔てなく接することが社会人の常識」と考えている人は、あからさまに特定の好きな人を特別扱いする人や、自分が気に入らない人に対してやたら文句を言う人を見ると、「なんて常識のない人だろう」とイライラしてしまいがちです。

しかし、**自分にとって当たり前のことが、相手にとっても当然とは限らない**のです。

その人は、もしかしたら「自分が好きな人は特別扱いしてこそ、愛情が伝わる」「気に入らない人には、きちんと態度で示したほうがいい。無理に親切にするとかえってストレスがたまる」というふうに考えているかもしれないのです。

世の中には本当にいろいろな価値観の人がいます。

何が正しくて、何が正しくないかという基準も人それぞれです。

ですから、**人に接するときには、「こういう人もいる」と割り切ることが、心を強くするための秘訣**です。

そのためにおすすめするのが、**自分の価値観を確認しておく意味で、ノートに自分が「正しい」と思っていることを書き出すこと**です。

「私は、『年上の人に対しては、どんなときでも敬語を使うのが当たり前』という価値観を持っている」

「私は、『誰かからプレゼントをもらったら、何かお返しするのが常識』という価値観を持っている」という具合です。

このように、自分の価値観のポイントを押さえておけば、たとえ腹が立つことがあっても、「この人にムカつくのは、自分の価値観と違うから。でも、価値観の違う人はいて当たり前だし、非難しても仕方ない」と冷静に考えることができます。

Point

自分の価値観を押さえておけば、「こういう人もいる」と割り切れる

誰かに「負けている」と感じたときは、自分に都合のいい面を探す

とかく物事を「勝ちか負けか」という基準で考えてしまうと、日常生活の中で思い通りにならない場面が増えていきます。

勝負はいつでも勝てるものではありません。

そのため、「自分が負けている」と感じたときにイライラが止まらなくなるのです。

このようなタイプの人は、

「これまでは自分が『社内で一番若くて、可愛い』と言われていたのに、新人のY子ちゃんが入社してきてからは彼女のほうがチヤホヤされている」

「母親とケンカをした。家族は母親のことをかばうのがムカつく」

というようなことで、いちいち「負けた」と感じてイライラしてしまいます。

自分もこのタイプだと思う人には、「負けた」と感じてイラついたときに、自分にとって都合のいい面を探し出して、ノートに書き出してみることをおすすめします。

「自分より若くて可愛い人がチヤホヤされていても、私のことをステキだと言ってくれる人が少しでもいればいい。私は大人の魅力を磨こう」

「母親が負けず嫌いなのは、性格だから仕方ない。家族も母の機嫌がいつまでも悪いままだと家の中の空気が悪くなるから、お母さんの味方についたのだろう。ここで私がお母さんを許すことで、自分の人間としての器が磨かれると考えてみよう」

このように、**勝ち負け以外に目を向けるようにすると、「勝っても負けても、どちらでもいいや」と思えてきて、心にゆとりが生まれます。**

「負けて悔しいのに、プラスに考えるなんてできない」と思う人もいるでしょうが、**少し強引にでも都合よく考えることがポイント**です。

勝ち負けにこだわりすぎると、心にはマイナスの感情が増えてしまいます。勝っても負けても、機嫌のいい自分でいられるほうが、ずっと魅力的です。

Point

「勝っても負けてもいい」と思えたら、負けても心にゆとりができる

失敗から得られた経験を考える

怒りの感情は他人だけでなく、自分自身にも向けられることがあります。

特に、**真面目なタイプの人は、何かに失敗したときに「私はなんてバカなんだろう」と自分にイライラする**傾向があるようです。

「こんな簡単な仕事、いつもならラクに仕上げることができるのに、よりによって重要な商談があるときにミスをしてしまった」

「金曜の夜に友達と映画を観に行く約束をしていたのに、うっかり忘れていて、会社の同僚と食事に行ってしまった。これで3度目だ……」

人間は完璧ではありませんから、このような失敗をすることもあります。

それなのに、「なんで失敗してしまうんだろう」と自分を責めて、自分に怒りを向けると、心にはマイナスの感情ばかりが増えてしまいます。

ですから、**失敗が原因で自分を「許せない」と思ったときは、「この失敗から何を**

経験できた？　今度はどうしたらうまくいく？」と考えてみましょう。

そして、そこで思いついた答えをノートに書いてみるのです。

「簡単な仕事でも、重要な日には緊張感でミスをしてしまうこともある。今度からは、前日はいつもよりも丁寧に仕事内容を点検するようにしよう」

「約束をしていたことを、うっかり忘れてしまうこともある。今度からは、誰かと約束したときには、しっかり手帳に書いておこう」

このように、失敗したときは、「どうしたら失敗を防げる？」と考えて、そのアイディアを書き出してみると、前向きな気持ちを取り戻せます。

「自分はなんで上手にできないんだろう？　失敗ばかりで自分に腹が立ってくる」などと怒りをつのらせても、何も解決しません。

「失敗は成功のもと」ということわざもあります。ただ落ち込んだり自分を責めたりしても、何も変わりません。その失敗を、次の成功のために生かすことが大切です。

Point

自分を怒るより、うまくいくアイディアを考えたほうが失敗を防げる

自分に課しているルールを書き出す

人は、無意識に、いろいろなルールを自分に課しているものです。

試しに、自分の毎日の生活で、「〇〇は、こうしなくてはならない」と考えていることを書き出してみましょう。

「毎日必ずお化粧をする。素顔で人前に出るのはダメ」

「人からメールか電話をもらったら、その日のうちに必ず返信する」

「仕事は極力、他人の手を借りず、自分でやりきる」

なかには、「ルールがほとんどなかった」という人もいるでしょう。

その一方で、「こんなに自分に課しているルールが多いなんて、驚いた」という人もいるかもしれません。

ルールの数は、人によって本当に違います。「ルールなんてない」という人から、「100個以上ある」という人まで、考え方はさまざまです。

そして、傾向として見られるのが、**ルールが多い人ほど、ストレスを抱えやすい**ということです。なぜならルールを守れなくなるとき、マイナスの感情が心に湧き上がるからです。

しかし、**日常生活を快適に過ごすためにつくったルールなのに、ルールがあるせいでイライラしたり、ルールに振り回されて疲れてしまうようでは、本末転倒**です。

たくさんのルールがあるという人は、ノートに書いたルールの中から、削れるものを削っていくとよいと思います。

そうすると、大切なものは意外と少なかったと気づくかもしれません。

ルールを削ることに抵抗がある人は、せめて、「ルールを守れればいいけど、守れないときがあっても仕方がない」と柔軟に考えるようにすると、穏やかな時間がきっと増えていくことでしょう。

Point

「こうしなくてはならない」という意識をゆるめると、心のストレスが減る

スケジュールに優先順位をつける

忙しい人は、ゆとりのある人と比べて、どうしてもイライラしてしまうことが多いようです。

心の強い人は、多少忙しくても笑顔で「大丈夫だよ。充実しているから」と乗り切ることができますが、たいていの人はそうはいきません。

忙しいということは、時間がないのに、やることに追われている状態です。

そのため、想定外のことが起きたり、スケジュール通りに物事が進まなかったりすると、「なんで、そんなことが起きるの？」とイライラが大きくなってしまうのです。

こういう場合は、ストレスになるほど忙しくしないように心がけながら、できるだけ楽しい予定を入れるのが理想的です。

しかし、個人的な事情でそれができない人もいるでしょう。

そこでおすすめなのが、スケジュールに優先順位をつけることです。

スケジュール帳を開いて、1週間の予定をざっと確認しましょう。その中から**「必ずやらないといけないこと」から順番に、ノートに書き出してみる**のです。

忙しいとき、つい誰かに八つ当たりしてしまいそうになる春枝さん（仮名・29歳）がスケジュールに優先順位をつけたところ、あることに気づいたそうです。

「1週間の予定を見返すと、『自分がやらなくてもいいかも』と思うような予定が意外にたくさんありました。それからは、省略できそうな予定は削るようにしたら、イライラすることが少なくなりました」と語っています。

あまり気が乗らないお誘いの予定と、ウインドーショッピングの時間を削ったところ、精神的にも経済的にもゆとりができたのです。

スケジュールに優先順位をつけると、「重要な予定ほど大切にする」ということを心がけることができます。そうすると、生活の中で時間に追われる場面が減り、笑顔でいられる時間が増えていくのです。

Point

忙しいときは、重要な予定ほど大切にすると、イライラが少なくなる

強い怒りの感情を燃やして浄化する

「書き出したあとはイライラが収まるのに、少し時間が経つとまたイライラする」

「怒りをしずめたいのに、どうしても許せないことがある」

こんなふうに感じている人は、かなり強い怒りの感情を抱えている可能性が高いといえます。

強い怒りの感情があるということは、心の中にマイナスの感情を積み重ねてきたということです。

そのため、心の中から消すのに時間がかかり、消えたと思っても、またぶり返す、というような現象が起きやすくなります。

しかし、**安心してください。どんな怒りも、いずれは消えていきます。**

そのためには、「この怒りの感情を消したい」という気持ちを抱くことが大前提です。

怒りの感情を思い出したときは、「また思い出してしまった！」とイライラするのではなく、「ああ、また私はこのことを考えている。私の心はよっぽど傷ついたんだなあ」というように、冷静に受け止めましょう。

そして、「いつかこの怒りがいい思い出に変わりますように」と口に出してから何回か深呼吸をすれば、気持ちは落ち着いていきます。

それでも感情が収まらないときは、気持ちを紙に書いて破って捨てたり燃やしたりすると、忘れることができます。

火は破壊と再生をもたらすエネルギーであり、とても強力な浄化能力を持ちます。

ですから、**「燃やす」ということは、心の中のいらない感情を捨てるのに効果的な**のです。

燃やし終わった灰は、土の中に埋めたりして、自然に戻すようにするといいでしょう。ただし、火を使うときは、十分に注意してください。

Point

気持ちを紙に書いて破り捨てたり燃やしたりすると、ネガティブな気持ちも一緒に消える

Chapter 3

怒りがしずまるノート術のまとめ

- 「腹立ち記録」がやさしさを呼び込む！
- 感情を思うまま書いて心のガスを抜こう
- 怒りの矛先をきちんと確認するのも大事！
- 相手に怒りをぶつけるのに
  有効なのが「自分主語」！
- 自分の価値観を押さえておけば
  「怒り➔冷静」になれる！
- 負けてなお余裕があるのが一番魅力的！
- 失敗しても自分を責めるのはやめよう
- 書いて「自分ルール」を見直してみよう
- スケジュールの優先順位を書き出し
  「忙しいイライラ」にさよなら！
- 書いた紙を燃やして
  心の中のいらない感情を捨てよう

第4章

書けば書くほど自分が好きになる

「なぜ自信が持てないのか」を分析してみる

「私にはいいところが何もない」と自分自身を否定する気持ちが強い人。

「自分なんて、何をやったってうまくいくはずがない」と、将来に対して悲観的な思い込みをしている人。

「ダメ」「できない」「嫌い」といったマイナスの言葉を使うことが多い人。

こういったタイプの人は、自分に自信が持てないことが原因で、心にマイナスの感情をため込んでいます。

赤ちゃんは皆、自分のことが大好きな状態で生まれてきます。

しかし、厳しい親に育てられるなど、成長していくうちに自分を否定されるような体験を積み重ねていくと、次第に自信が持てなくなってしまうことがあります。

自分に自信が持てなくなった理由は人それぞれですが、必ず原因があるはずです。

そこで、自分に自信がないという人は、「なぜ、自分は自信が持てないのだろう?」

と考えて、心当たりがあることを思い出せるだけ書いてみましょう。

「両親のしつけが厳しくて、叱られてばかりだった」

「小学校のとき仲間ハズレにされて、友達に口を聞いてもらえない時期があった」

「自分より妹のほうが成績優秀で、そのことをよく学校でバカにされた」

「勇気を出して告白したのに、『他に好きな人がいる』とふられてしまった」

書き出してみると、何となく理由が明らかになってくると思います。

つらい出来事を振り返ることになるので、厳しい作業かもしれません。

しかし、**自信が持てない理由を分析できていないと、心を強くするための具体的な行動を起こすことはできません**。

ですから、一度じっくりと考える時間をつくってみてください。その勇気が、自分に自信のない今の状況から、抜け出す第一歩になります。

Point

自分を否定された体験を振り返ってみると、自信のない状況から抜け出せる

自分のコンプレックスを書き出す

自分に自信のない人は、自分と他人と比べて落ち込むクセを持っている人が多いようです。

「隣の部署の美保さんは美人だな。それに比べて私の顔は平均以下……」

「周りの友達は毎日楽しそうなのに、私なんて毎日、不愉快なことばかり」

このように、自分より優れているところを持つ人と自分を比べてばかりいると、コンプレックスを抱きやすくなってしまいます。

もっとも、たいていの人には、コンプレックスの一つや二つはあるものです。

ですから、**コンプレックスがある自分を恥じる必要はまったくありません。**

しかし、あまりにもコンプレックスが強いのは精神的によくありません。

「私はダメな人間」「自分には何の価値もない」というコンプレックスがある人は、心の中にマイナスの感情が増えていき、運気を落とすことになるからです。

そうならないように、自分にはどんなコンプレックスがあるか、ノートに書き出してみましょう。

「存在感がない。地味で目立たないから、人から声をかけられることが少ない」

「人見知りで、大勢の人とうまくコミュニケーションを取ることが苦手」

「女性にしては背が高すぎて、男性にからかわれることがある」

「手先が不器用で、裁縫や料理など、何かをつくることが苦手」

このように書き出すと、自分の欠点を突きつけられているようで、「こんなんじゃ、やっぱりダメだ」とさらに自信を失ってしまうかもしれません。

しかし、**コンプレックスというのは見方を変えると、長所になる**のです。

「信じられない」と思う人もいるかもしれませんが、本当です。

それどころか、**他人から見れば、そのコンプレックスが、その人の魅力であったりする**のです。

Point

コンプレックスを恥じる必要など、まったくない

コンプレックスを長所に書き換える

コンプレックスは、見方によって、意味が大きく変わります。

たとえば、前に見た「人見知りで、大勢の人と上手にコミュニケーションを取ることが苦手」というコンプレックスはどんなふうに置き換えられるでしょうか。

ポイントは、「人見知り」「コミュニケーションが苦手」という否定的なイメージを持つ言葉の意味を、違う角度から見直してみることです。

そうすると、このような長所が浮かび上がってきます。

「本当に好きな人と深い関係を築くことができる」

「他人に深入りすることなく、適度な距離を持って付き合うことができる」

「人付き合いのトラブルに振り回されることが少ない」

「一人一人とゆっくり時間をかけて、信頼関係をつくることができる」

「自分の時間を多く取れるため、読書などの趣味に没頭できる」

このような長所は、社交的な人や大勢の人と付き合いのある人は、なかなか身につけにくいものだと思います。

また、「女性にしては背が高すぎて、男性から、からかわれることがある」というコンプレックスは、「スタイルがいい」「どんな洋服でもステキに着こなせる」「モデルやキャビンアテンダントに向いている」という立派な長所に変身します。

このように、**一つの事柄の見方を変えて、違う意味づけをすることを、心理学では「リフレーミング」といいます。**

リフレーミングを使うと、今まで「ダメ」だと思っていた自分のコンプレックスが、ぐっと魅力的に見えてくることが多々あります。

実は**コンプレックスというのは、欠点というよりも、その人の持つ個性**なのです。

ですから、コンプレックスがあることで自信をなくすのはもうやめましょう。

「これも私の個性」と思うことができれば、どんどん心が強くなっていきます。

Point

コンプレックスを違う角度から見直すと、魅力的な自分が見えてくる

過去にうまくいったことを書き出す

自信をつけるために効果的な方法の一つに、過去にうまくいったときの経験を思い出す、ということがあります。

自信がない人というのは、過去に「失敗した」「うまくいかなかった」と感じるような体験をたくさんしている傾向があります。

世の中には、何をやってもうまくいかない人生を送っている人もいます。

しかし、そのような人でも、**本当は自分では気がついていないだけで、うまくいった体験が必ずある**はずです。

どんなに小さなことでもいいので、書き出してみてください。

「大きな病気をしたことがなくて、学生時代は無遅刻無欠席だった」

「字がキレイだとほめられることが多く、書道で賞を取ったことがある」

「高校受験で、自分の成績よりもレベルの高い学校に合格できた」

ご購読ありがとうございました。今後の出版企画の参考に
致したいと存じますので、ぜひご意見をお聞かせください。

書籍名

お買い求めの動機

1　書店で見て　　2　新聞広告（紙名　　　　　　　　　）

3　書評・新刊紹介（掲載紙名　　　　　　　　　）

4　知人・同僚のすすめ　　5　上司、先生のすすめ　　6　その他

本書の装幀（カバー），デザインなどに関するご感想

1　洒落ていた　　2　めだっていた　　3　タイトルがよい

4　まあまあ　　5　よくない　　6　その他(　　　　　　　　　)

本書の定価についてご意見をお聞かせください

1　高い　　2　安い　　3　手ごろ　　4　その他(　　　　　　　　　)

本書についてご意見をお聞かせください

どんな出版をご希望ですか（著者、テーマなど）

郵便はがき

料金受取人払郵便

牛込局承認

6893

差出有効期間
平成28年 3 月
31日まで
切手はいりません

162-8790

東京都新宿区矢来町114番地
神楽坂高橋ビル5F

株式会社ビジネス社

愛読者係 行

ご住所 〒 TEL:　(　)　FAX:　(　)			
フリガナ お名前		年齢	性別 男・女
ご職業	メールアドレスまたはFAX メールまたはFAXによる新刊案内をご希望の方は、ご記入下さい。		
お買い上げ日・書店名 年　月　日　市区町村　書店			

「フリーランスの仕事を始めたばかりの頃、業界で有名な先輩から特別に仕事のノウハウをたくさん教えてもらえた」

このように、自分にとっては大したことないことでも、他の人から見れば、「うまくいった」「うらやましい」と思われるような体験が出てくるはずです。

一通り書き出してみたら、「あのときうまくいったのだから、今度も乗り越えられる」と自分に言い聞かせてみましょう。

「自分の人生は案外うまくいっているかも……」と感じて、心が明るくなったら成功です。きっと少しずつ、自信がついてくるでしょう。

心が弱い人は、本当はうまくいっているのに、「うまくいかなかった」と思い込んでいたり、成功体験を見逃していたりするので、なかなか自信が持てません。

反対に**心が強い人というのは、何かで成功するたびに「できた!」という達成感を味わい、「うまくいった」という実感を積み重ねて生きている**のです。

Point

誰でも気づいてないだけで、本当は誰しもうまくいった体験をしている

親しい人に自分のことをほめてもらう

人間には大なり小なり、「人から認められたい」という欲求が備わっています。

これを心理学では**「承認欲求」**といいます。

たとえば、周りの人から「さすがだね」「すごいね」「ステキだね」といつもほめられていれば、承認欲求を満たすことができます。

自分に自信のない人は、この承認欲求が満たされていないのです。

そこで、「自分は認められていない」と悩んでいる人は、身近にいる親しい人に「私の長所を教えてくれませんか？」とお願いするとよいかもしれません。

相手は友達や恋人など、自分が心から信頼している人を選ぶことが大切です。

なぜなら、その人たちはこちらのいいところをたくさん知っていて、それを快く教えてくれる可能性が高いからです。

相手が「歌が上手だね」「ファッションのセンスは職場では一番だと思う」「映画や

小説の知識が豊富で、話を聞いていてタメになることが多い」というふうにほめ言葉を言ってくれたら、ノートにしっかり書き留めましょう。

お願いするときのポイントは、具体的なほめ言葉を言ってもらうことです。

たとえば、「やさしい人」と言われたら、「具体的にどういうところがやさしいと思う？」と質問すると相手も答えやすくなると思います。

そして、**相手にほめてもらったことは、素直に受け取ることが大切**です。

自分に自信のない人は、ほめられることに慣れていません。

ですが、「お世辞だよね」「本当はそんなふうに思っていないよね？」と思っても、口に出すのは控えましょう。

ほめ言葉を否定してしまうと、効果が半減してしまうからです。

親しい人からのほめ言葉は、ほとんどの場合正しいものと考えて、素直に感謝して、受け取ればいいのです。

Point

信頼している人からのほめ言葉を受け取ると、自信が湧く

自分だけの「ほめ日記」をつける

子どもの頃と違って、社会人になると、周りからほめられることが減ってきます。

たまに、親しい人にほめてもらったところで、うれしい気持ちは続きません。

なぜなら、社会ではそれ以上に批判されたり、否定されたりすることのほうが多いので、心にマイナスの感情が増えているからです。

つまり、「周りから認められたい」と期待していても、なかなか自分の思うように叶わないのが現実なのです。

そこでおすすめしたいのが、自分をほめるための「ほめ日記」をつけることです。

「苦手な部長と仕事したときに、笑顔で接することができてよかった！」

「今日は早起きしてお弁当をつくることができた。いつもなら、朝はバタバタして、お弁当をつくる時間なんてないのに、よくがんばった！」

「帰り道に、外国人の女性に道を聞かれたので、現地まで案内してあげた。困っている人に親切にできた（しかも苦手な英語で！）。えらい！」

このように、その日の出来事の中から、ほめてあげたい自分を見つけ出して、事実と一緒にノートに記録するのです。

「ほめ日記」のいいところは、自分に対して、「がんばったね」「よくやったね」というほめ言葉をかけてあげる習慣が身につくことです。

自分をほめることが当たり前のことになれば、間違いなく心は強くなります。

自分に自信のない人は、自分をほめることに抵抗がある人が多いようです。

これまでの習慣で、「恥ずかしい」「ほめることが見つからない」などとマイナス思考になってしまうからです。

しかし、**最初は、形だけでもいい**のです。

心から自分をほめられなくても大丈夫です。まずは、**「今日、がんばったことはあったかな？」と探すことが、自分に自信をつける第一歩となる**のです。

Point

毎日がんばったことを見つけ出すことが、自分をほめる習慣につながる

ネガティブな口ぐせをポジティブな言葉に書き換える

日本には、**「言霊《ことだま》」**という言葉があります。

日本でははるか昔から、言葉の一つ一つにエネルギーがあると信じられてきました。

この考え方は、現代でももちろん通用します。

そこで**チェックしてみてほしいのが、自分の口ぐせ**です。

心の強い人を観察してみると、本人は無意識かもしれませんが、自分の心がポジティブになる口ぐせを持っています。

逆に、心が弱くなりがちな人は、ネガティブな口ぐせを持っているのです。

SEの弘也さん（仮名・26歳）は、仕事の能力を同僚たちから認められているにもかかわらず、いまひとつ自分に自信が持てないでいました。

そこで普段話しているときによく使っている言葉を思い出し、ノートに書き出してみたところ、ネガティブな言葉ばかり口に出していたことがわかったのです。

仕事中には、「疲れたな」「面倒くさい」「イヤだな」という言葉をたくさん使っていて、プライベートでは「だって○○だから……」「無理」「つまらない」というのが口ぐせになっていました。

「このままでは自分はますますネガティブになる」と危機感を抱いた弘也さんは、ネガティブな口ぐせをポジティブな言い方に言い換えるようにしました。

仕事中に「疲れた」と言いかけたら「一生懸命がんばっている」に言い換えて、「面倒くさい」と言いかけたら「やりがいがある」と言い換えてみました。

すると、SEとして自信を持って仕事に向き合えるようになったそうです。

心の強さを保つためには、日頃からポジティブな言葉を使うことが大切です。

とはいえ、自分に自信がない人は簡単にいかないと思います。

そういう場合は、**まずはネガティブな口ぐせをポジティブな言葉に変えてあげると、ポジティブな口ぐせが次第に定着していく**はずです。

Point

ネガティブな感情はポジティブな言葉で打ち消すことができる

自分にプラスの暗示をかける

心理学の用語に**「プラシーボ効果」**というものがあります。

本当は効果がないのに、「効果がある」と事前に聞いてから治療を施すと、効果があったように感じてしまう、という現象です。

たとえば、腰が痛くて整体師さんにマッサージをやってもらうとしましょう。

「このマッサージは腰痛の人によく効きますよ。長年、腰の痛みに悩んでいた方が、今ではマラソンに挑戦するくらい回復しているんですよ」

というふうに、事前に「効果がある」という情報を聞いていた場合は、そうでない場合と比べて、実際に症状がよくなる確率が高まるのです。

この心理を利用して、自信のない自分を「自信がついている自分」に変えることができます。どういうことかというと、**プラスの言葉を利用して、自分にプラスの暗示をかける**のです。

司会の仕事をしている亜美さん（仮名・30歳）は、**大きな仕事を任されたときは、緊張から逃れるために、「今日のイベントは必ず成功する」「立派に自分の役割を果たすことができる」とノートに書き出してから、舞台に上がる**そうです。

彼女は、自分にプラスの暗示をかけることで、自信を持って仕事に臨んでいるのです。

これと同じことを、日常生活の中でも取り入れてみましょう。

たとえば、なかなか恋人ができない自分に自信が持てなくなったときは、

「恋人はいないけど、親しい仲間たちと楽しいお付き合いができているから大丈夫」

「今は恋人をつくるよりも、仕事や遊びに時間を使ったほうがいい。恋人は本当に必要としたときにできるもの」

と発想を転換するのです。

心を強くするためには、自分でプラスの思い込みをつくっていくことも大切です。

Point

「大丈夫」と書き出すと、本当に「大丈夫な自分」に変わる

「思い通りにいかなくて、かえってよかったこと」を思い出す

「営業の仕事をしたくて入社したのに、総務部に配属されてしまった」
「税理士になりたくて資格を取ったのに、なかなか仕事がない」

このように、自分の思い通りにならないことがあると、私たちは自分に自信を持てなくなってしまいます。

しかし、「人間万《にんげんばん》事《じ》塞翁《さいおう》が馬《うま》」ということわざがあるように、人生というのは、何が幸いし何が災《わざわ》いするかは、誰にも予想ができないのです。

長い目で見たときに、自分の思い通りにならなかったほうが、結果として幸せになることも珍しくありません。

ですから、思い通りにいかないことがあっても、「またダメだった」「私は失敗ばかり」と深く落ち込まないでほしいと思います。

とはいえ、自信をつけるには、思い通りにいかなかったときのプラスの考え方を身

につけることが大切です。

そこでやってほしいのは、**これまでの人生で「思い通りにいかなくて、かえってよかったこと」を思い出して、文章にして書き出すこと**です。

「高校のとき片思いしていた相手にふられたけど、あとから、その人よりもっと素敵な人と出会うことができた」

「第一志望の大学は落ちてしまったので第二志望の大学に入学したら、親友ができた」

こうして書き出すと、今、思い通りにならないことに見舞われていても、「このほうが幸せになれるかもしれない」と希望が持てるようになります。

人生は、「こちらの道に進めば幸せで、こちらの道に進めば不幸」という単純なものではありません。

望まない道でも前向きに受け止めることができれば、幸せになっていきます。

Point

人生は、望まない道に進んだほうが幸せになれることもある

迷いが出てきたら、メリットとデメリットを書き出す

自分に自信のない人は、何かを決めるときに迷う時間が他の人よりも長い傾向があります。優柔不断な性格と言い換えてもいいかもしれません。

「これを選んだら、後悔するかもしれない」「友達に相談してから決めたほうがいいかな」と思い悩んではいるけれど、本当のところ「自分はどうしたいのか」という結論がわからないのです。

こういう場合は、**迷いが出てきた時点で、それぞれの選択肢のメリットとデメリットをノートに書き出す**ことをおすすめします。

たとえば、結婚することが決まっていたとして、現在の仕事を続けるかどうか迷っているとします。

仕事を続けるメリットとしては、次のようなものがあげられます。

「結婚後も安定して収入を得られるから、家計を助けることができる」

「がんばって節約をしなくても、将来のために貯金ができる」

「夫に気兼ねすることなく、自分の好きなものを買うことができる」

「家庭以外の世界を持つことで、夫に依存せずに充実した生活が送れる」

一方、デメリットとしては、次のようなことが考えられます。

「忙しくて、掃除や料理などの家事が手抜きになってしまう可能性がある」

「お互い時間が合わなくて、夫と一緒に過ごす時間が少なくなる」

「出産をするタイミングをつかむのが難しそう」

こうしてメリットとデメリットを書き出すと、自分の置かれた状況を冷静に見ることができて、自分が本当に選びたい道がハッキリしてくるはずです。

心を強くするためには、「自分のことは自分で決める」という心がけが大切です。

人生上、**重要なことは、何でもかんでも早く決める必要はないですが、ただ迷っているよりも、決断したほうが気持ちはスッキリする**はずです。

Point

メリット、デメリットを書き出すと、自分が本当に選びたいものがわかる

Chapter 4

自分が好きになるノート術のまとめ

- つらい出来事の振り返りで心は必ず強くなる！
- コンプレックスで悩むと
  マイナスの感情を増やすので要注意！
- 実はコンプレックスこそ自分の魅力になっていた！
- 過去の成功体験を思い返してみよう
- ほめ言葉をスルーするのは禁物！
- 自分で自分をほめることが自信への第一歩！
- 「ネガ→ポジ」な口ぐせ変換を習慣づけよう
- プラスの暗示で「プラシーボ効果」を引き出そう
- 思い通りいかないことがプラスになることもある！
- 迷いのメリットとデメリットから答えを探ろう

第5章

書けば書くほど人間関係がよくなる

自分に好意を持ってくれている人を書き出す

人は、一人では生きていけません。

ほとんどの人は「周りの人といい関係を築いていきたい」と願っているものです。

しかし、そんな願いとは裏腹に、人間関係で悩む人が多いのもまた現実です。

「職場にいる同僚と、仕事内容のことでギクシャクしてしまう」

「友達グループの中で、どうしてもソリが合わない人がいる」

こんなふうに悩むことが増えてしまうと、いつしか人付き合いに苦手意識が生まれてしまい、心にはマイナスの感情が増えていきます。

「人間関係がつらいな」と感じたときは、自分に好意を持ってくれている人の存在を思い出すと元気が出てきますので、それをノートに書くといいでしょう。

「中学のときからずっと仲良しの剛志くん」

「アルバイト先で知り合って意気投合した雅史さん」

「会社にいる2歳年上の先輩、亜希さん」

「今でもときどき連絡を取り合う、いとこの典子ちゃん」

周りの人全員が自分の敵ということはなく、どんな人にでも「あなたといると楽しい」と慕ってくれる人は必ずいるものです。

ちなみに、自分に好意を持ってくれている人というのは、ほめてくれる人、話をきちんと聞いてくれる人、約束を守ってくれる人、落ち込んでいるときに励ましてくれる人、いざというときは助けてくれる人などのことを指します。

書き出してみて、「私を好きでいてくれる人が少ない」とショックを受ける人がいますが、**人間関係は量より質**です。

SNSの友達の数など何の意味もありません。人数は少なくても、心から信頼し合える身近な友達や恋人がいるほうが、人生にはずっとプラスになります。

「自分はいい人間関係を築けている」という自信を持てると心は安定します。

Point

信頼できる人が一人いるだけで、人間関係に自信が持てる

もっと親しくなりたい人を書き出す

「人付き合いが苦手」と悩んでいる人に、ぜひ試してみてほしいことがあります。

それは、「もっと仲良くなりたい」「もっといろいろなことを話してみたい」と思う相手の名前を書き出してみるということです。

「以前社内の食事会で一緒になった、営業部の若手エース課長」

「英会話のサークルでよく会う、英語ペラペラの光人くん」

「友達に誘われたバーベキューパーティーで出会った知子さん」

書き出すときに注意してほしいのが、「あの人のことを書いても、どうせ友達にはなれっこない」と最初から決めつけないことです。

あくまでも、「自分が親しくなりたい」という希望を優先してください。

なぜ「親しくなりたい人」を書き出すかというと、人付き合いが苦手な人の多くは、ある特定のパターンにはまっているからです。

すなわち、**人付き合いが苦手な人は、知り合いが少なく、いつも同じ人と一緒に過ごしている人が少なくありません。**

「いろいろな人と話を合わせるのが苦手だから、仕方ない」という理由もあるでしょうが、**実は人間関係は狭いほうがストレスになる**こともあるのです。

なぜなら、狭い人間関係の中にいると、無意識のうちに、相手に「もっとこうしてほしい」という期待が強くなり、それに応えてくれないと「こんなに仲良くしているのに、なぜわかってくれないの？」とがっかりすることが増えてしまうからです。

そのため、狭い人間関係の中にいる人のほうが、ケンカやすれ違いがこじれやすくなるのです。一方で、**親しい人が増えると、そのときどきで気の合う誰かと付き合えばいいので、人間関係がスムーズに運びやすくなります。**

少数の人とじっくりと付き合うのも、もちろんいいですが、心を強くするためには、自分から人間関係を広げる努力も必要なのです。

Point

スムーズな人付き合いをするには、居心地のいい距離を保つことが大切

相手に質問したいことを書き出す

「親しくなりたい人」を書き出しても、実際に話しかけたりするのは、ハードルが高いものです。

特に人付き合いが苦手な人は、「何を話したらいいのか、わからない」「会話が続かなかったら、どうしよう」と困ってしまう人も多いと思います。

こういう場合は、**相手に声をかける前に、事前に「質問したいこと」をノートに書き出して用意しておく**と安心です。

「どんなことを話そうか」と漠然と考えるよりも、「相手に聞きたいことは何だろう？」と考えるほうが、質問が思い浮かびやすくなります。

「課長には、ウチに入社した理由と、営業の心構えについて聞きたい」

「光人くんには、英会話を始めたキッカケと、英話をうまく話すコツは何なのか、教えてもらいたい」

「知子さんには、趣味と休日の過ごし方について聞いてみたい」

相手と会話している場面をイメージすると、いろいろと質問したいことが見つかるはずです。「これなら、途中で会話が途切れないな」と思えれば準備は完了です。

しかし、矛盾するようですが、実際に話すときには、続けていくつも質問しすぎないように気をつけましょう。

というのも、親しくなる段階で、あまりにも一方的にたくさんの質問をすると、相手は「自分はどんなレベルの人間か」ということを品定めされているようで、いい気分はしないからです。

質問は会うたびに小出しにしていくくらいで、ちょうどいいかもしれません。また、一方的に話すのではなく、お互いに会話ができるようにするとうまくいきます。

大人になってから新しい友達をつくるのは、そう簡単ではありません。

だからこそ、自分から声をかけることが、大切になります。

Point

相手に聞きたいことは、少しずつ質問していくと会話が続きやすい

恋人にしたい相手のタイプを書き出す

誰にとっても恋愛の悩みは深刻なものです。

「出会いがない」「いいなと思う相手には必ずふられる」「長続きしない」といったうまくいかない経験が続くと、恋愛に対して臆病で悲観的になってしまいます。

恋愛がうまくいかない理由はいろいろありますが、かなりの人にあてはまるのが「自分が心の底からどんな人と付き合いたいのか、わかっていない」ということです。

そこでおすすめするのが、自分の望む恋人のタイプを具体的にし、ノートに書き出すことです。

ポイントとしては、「いい人」「やさしい人」といったような抽象的すぎる表現ではなく、もっと具体的なことを挙げることです。

ただし、「イケメンな人」「太っていない人」「周りの同年代の男性より年収が高い人」「たくさんプレゼントしてくれる人」などといった見た目や肩書きにばかりにこだわってはいけません。

それよりも、「電話やメールをマメにくれる人」「仕事で困ったら、相談ができる人」「映画や美術館に一緒に行ってくれる人」「のんびり公園を散歩するようなデートを楽しめる人」「共通の趣味がある人」「価値観が合う人」「好きな食べ物が同じ人」といった、自分が一緒にいてプラスの感情が増えるような要素を書き出していきましょう。

このように、**自分の恋人像を明確にしておくと、たとえば、友達から誰を紹介されたときに、「この人は自分に合いそうだな」と直感でわかる**ようになります。

運命の人と出会うためには、打算ではなく、お互いの波長が合う人を見つける必要があります。

本気の恋愛とは、「自分が本当に求めている恋人はどんな人？」と真剣に考えて、ささいなことでへこたれない強い心を育てていくことで出会えるものなのです。

Point

一緒にいてプラスの感情が増える相手は、出会うと直感でわかるもの

苦手な人のプラス面を書き出す

人と人には、どうしても合わない相性というものがあります。

誰にでも、「仲良くしたい気持ちはあるけど、会うたびにイヤな気分になる」「一緒にいると、必要以上に気を使わないといけないので疲れてしまう」という相手が周りに何人かいるものです。

こういう苦手な人と接するときは、気が重くて、心が弱くなりがちです。

「苦手なら、付き合わなければいい」と割り切れるほど簡単な問題ではありません。

たとえば、会社の上司と相性が悪くても、勝手に違う部署へ異動はできませんし、近所に住む人が苦手だったとしても、今すぐ家族で引っ越すわけにもいきません。

こういう場合は、苦手な相手に対するマイナスの感情はいったん忘れて、プラスの面に目を向けてみましょう。つまり、相手の「いいところ」を書き出すのです。

「上司はいつもグチばかり言っているけど、部下が仕事でトラブルを起こしたときは必ず助けてくれる」

「うちの隣の人は自己中心的で協調性が足りないけど、自分の意見をしっかり持っていて、他人の悪口を絶対に言わない」

「同じ部署の由美さんは時間にルーズなところがあるけど、いつもニコニコしていて怒っているところを見たことがない」

自分にとっては苦手な人でも、探してみれば長所は必ず見つかります。

この先もお付き合いが続くなら、プラスの感情を抱いて接したいものです。

しかも**苦手な人のプラス面を意識すると、会っていても感じるストレスは軽くてすみます。**

心の平安を望むなら、苦手な人を避けようとするのではなく、相手のよい部分を探して、それなりにうまく付き合っていくことを心がけましょう。

Point

苦手な人の長所を意識すると、付き合うストレスが軽くなる

相手を不快にさせない断り方を考える

日常生活の中では、人から頼まれ事をされることがありますが、いろいろな事情で「断る」という場面が必ず出てきます。

そんなとき、心が弱っていると「断るのは申し訳ない」という罪悪感を抱いたり、「相手に嫌われたら困るな」と心配になり無理に引き受けたりして、あとでもっとつらくなることがあります。

一方で、心が強い人は、断ることにあまりストレスを感じません。

彼らは引き受けられないときは、「ごめんなさい」とハッキリ断ります。それでいて、今後の人間関係に悪い影響はほとんどないのです。

なぜかというと、そういう人は断るときに相手を不快にさせないような言い方を心がけているからです。

そこで、「断るのが面倒」と感じている人は、相手にどんなふうに言えば上手に断ることができるか考えて、書き出してみませんか。

たとえば、中堅クラス向けのビジネスセミナーに誘われたとしましょう。講師やカリキュラムを見たところ、「以前参加したセミナーと同じような内容だから、あえて行く必要がない」という理由で断りたいと思いました。

こういう場合は、次のような言い方をすると角が立ちません。

「気にかけていただいて、うれしく思います。ただ、あいにくその日は別に予定が入っているので参加できませんが、ご容赦ください」

「ごめんなさい。最近スケジュールが立て込んでいて、その日も調整できないので欠席させていただきます。セミナーが実りあることをお祈りしています」

断るときのポイントは、あからさまな本音を言わないことと、肯定的な言葉を織り交ぜることです。

相手の気持ちを考えながら断ると、その後もいい関係を維持できるでしょう。

Point

「ノー」と言ったあと、肯定的な言葉を伝えれば、上手に断ることができる

被害者意識を書き換える

「○○さんのせいで、自分の立場が悪い」「○○のせいで、自分が不幸になっている」というような被害者意識を持っていると、人間関係においてストレスがたまりやすくなってしまいます。

被害者意識があると、周りの人に対して「この人のために私が我慢してあげた」というような、恩着せがましい感情を抱きやすくなってしまうのです。

しかし、このような下心は相手にも伝わるので、「頼んでもいないのに、押しつけがましいな」と思われて、ギクシャクした関係になりがちです。

とはいえ、**被害者意識は、どんな人の心の中にも多少はあります**。

そこで、「誰に対して我慢しているか」「何に対して自分が不幸になっているか」を具体的にするために、書き出してみましょう。

「小さい子どもがいる先輩のせいで、私に余計な仕事が回ってくる」

「いつも忙しい恋人のせいで、自分の自由な時間がなくなっている」

「自分の経験が足りないから、周りにいる経験豊富な人と話すのが苦痛になる」

このようにいくつか見つかったら、今度はこの被害者意識をプラスにとらえて書き換えてみてください。

「小さい子どもがいる先輩の仕事をサポートする役割を与えられている」

「忙しい恋人がいるから、自分が時間に融通をきかせている」

「経験が少ないから、周りにいるベテランの話は聞いていて勉強になる」

ちょっとした違いですが、**「自分は被害者ではない」という視点になっていると、相手に対して不満がなくなっていきます**。

相手にストレスを感じなくなると、当然人間関係もよくなってきます。

心の平安を保つには、誰かのせいにするのはやめて、自分が選択していることに自信を持つことが大切です。

Point

「自分は被害者ではない」と気づくと、相手といい関係になれる

ケンカを解決する方法を考える

「大好きな人なのに、顔を合わせるとささいなことでよくケンカをしてしまう」という経験は誰にでもあると思います。

正直なところ、親しい人間関係を続けるうえで、小さなケンカがある程度起こってしまうのは仕方のないことです。

親子や親友、恋人、夫婦といった親密な人同士でも、常に仲良しの状態を続けていくことは、それほど簡単ではありません。

とはいえ、やたらとケンカをするのも、よくありません。たとえば、ちょっとしたケンカをして、自分はすぐに仲直りするつもりでも、相手の心は深く傷ついて「もうこの人とはやっていけない」と思われてしまう場合もあります。

ケンカで大切なのは、どうやってお互いの心にわだかまりを残さないか、ということに尽きます。

ですから、ケンカをしたときは「どんなふうに解決したら、相手が気持ちよく応じてくれるだろう？」と考えて、ノートに書き出してみましょう。

「直接会って話し合う時間をつくる。そのときに、自分の率直な気持ちを聞いてもらい、相手の考えにも耳を傾ける」

「自分の言い方が悪かったから、まずはそのことを電話で謝る。その後に相手の様子を見て、会う約束をしてみる」

「相手がかなり怒っているようだから、メールでお詫びをして『ずっと友達でいたい』と伝えよう。直接会うのは、少し時間を空けてみる」

このように、**書くことによって冷静になると、何かしら解決の糸口が見つかるので安心**できます。お互いがさらにわかり合えるような、前向きな解決方法を見つけられるのがベストです。心を安定させるためには、とにかくケンカをしても相手を責める前に、「自分にできることはないか」と考えることが重要になるのは間違いありません。

Point

ケンカのあとに冷静になると、お互いにプラスになる解決法が見つかる

自分の意見を組み立てる

「言いたいことがうまく言えずに、気づいたときには不満がつのっている」

「周りの人からどんなふうに思われるか不安で、自分の考えが言えない」

このように、自分の意見を言うのが苦手で悩む人は意外と多いようです。

確かに、大人になると、自分の意見を言うことは、そう簡単ではありません。

何でもかんでも思いついたことを言えばよいわけでは、ないからです。

そこでしてほしいのが、自分の意見を言う前に、「自分はどういうふうに考えているか」ということを思いつくだけノートに書き出してみるということです。

たとえば、社内の会議で「会社の制度で変えたほうがいいと思うこと」について意見を言う機会があったとします。

こういうとき、仕事をしていて、「本当にこれでいいの?」「あれ、ここはちょっと変だな」「この部分は○○したらいい」と気づいたことが意見の元になります。

「社内で有給休暇を取りたくても取れない人が多いことが気になる。自分も同僚もたくさん有給休暇が残っている。交代で取れるように部署内で調整するのはどうか？」
「社内で掃除をする人がいつも同じ人ばかりで不公平な気がする。その人が本来担当している仕事もあるのに、掃除の時間が負担になっているという話を何人かから聞いている。今後は、掃除を当番制にして、全員が順番にやるようにしたらどうか？　それが難しかったら、掃除だけ外注するという方法もあると思う」

書き出してみると、ぼんやりと考えていた自分の言いたいことが把握できたり、意見がテーマとずれていることに気づけたり、もっと伝わりやすい意見を考え直したりすることができて、自分なりの意見を組み立てることができます。

周りの人へ配慮しながらも、言いたいことは我慢せずに意見することができるようになると、心が安らかになります。

Point

考えや疑問を事前に書き出すと、自分の意見をハッキリさせることができる

相手と「話したこと」を書き残しておく

職場や友達のグループ、サークルの仲間たちなど、私たちは日常生活でさまざまな人と交流します。

でも、毎日いろいろな人に会っていると、次に会ったときに「この人はどんな人だったかな？」「前はどんな話をしたのかな？」という情報を忘れてしまいがちです。

人間の記憶には限界がありますから、忘れてしまうのは仕方のないことです。

とはいえ、**私たちは、自分のことを覚えていてくれる人に好感を持ちます**。

たとえば、以前に親しく話をした人と久しぶりに会ったときに、「そういえば、○○さんって、どんなお仕事をされていますか？」と既に話したことをもう一度聞かれてきたら、どう思いますか？

きっと、「あれ？　この人は私のことを覚えていないんだ」とちょっと残念な気持ちになると思います。

そこでおすすめしたいのが、**面識の浅い人と話したあとに、その相手の情報を書き残しておくこと**です。

「友人の紹介で一緒に食事をした美容師の真由美さんは、現在ネイルの勉強もしている。仕事の合間に学校に通っているそうだ」

「○○課長は、最近自宅を購入されたようだ。去年お子さんが産まれたので、自然の多い地域に引っ越したくなったそうだ」

こんなふうに記録しておくと、次に会ったときに、「この前お伝えした○○のことですが……」と前回話した内容に関連した話題を持ちかけることができます。

そうすると相手は、「この人は私のことを覚えていてくれた」とうれしくなり、その後の人間関係がスムーズになります。

忙しいビジネスマンなら、**名刺の裏に少しメモをするだけでも効果はあります。**

Point

その後の関係をよくしたいなら、相手の情報を忘れないこと

Chapter 5

人間関係がよくなるノート術のまとめ

- 人間関係は量より質が大切！
- 仲良くなりたい人を書くだけで
  人間関係に変化が生まれる！
- ちょっとした質問が相手との距離を縮める！
- 恋人選びはプラスの感情が増えるかどうかがポイント
- どんな苦手な人にも必ず一つは
  プラスの側面がある！
- 書くことは「断る練習」に最適！
- 試しに「誰かのせいにする」のをやめてみよう
- ケンカ解決の方程式は
  「書く➡冷静になる➡糸口がみつかる➡安心できる」
- 「言いたいこと」は
  書いて整理してから言うのが一番効果的！
- 相手の何気ない一言の書き留めがあとで役に立つ！

第6章

書けば書くほど毎日が楽しくなる

1日の終わりに「今日あったいいこと」を書き出す

毎日の生活を「平凡すぎて、おもしろくない」「イヤなことがたくさんある」とネガティブに捉えるクセがあると、心にはマイナスの感情が増えてしまいます。

そんなクセを直すために効果的なのが、**1日の終わりに「今日あったいいこと」を書き出す**ことです。

方法はとても簡単です。

毎日寝る前に、その日にあったうれしかったことや楽しかったこと、「ツイている！」と思ったことなどを短い文章で記録していくだけです。

こういうと「わざわざ書き出すようないいことなんて、毎日起こらないし」と思う人もいるかもしれませんが、心配は無用です。

書く内容は、「ステキな相手とデートすることになった」「思わぬ臨時収入があった」というような大きなことである必要はないからです。

もちろん、大きなことでもいいいですが、これまでは自分でも見逃していたような、小さな「いいこと」を発見するだけでも十分なのです。

「電車が意外と空いていたから、席に座って本を読めた」

「お昼休みに食べたランチが、おいしいうえにお得な値段だった」

「珍しく上司に『残業しなくても大丈夫』と言われたので、定時で帰ることができた」

「帰り道にお気に入りの雑貨屋さんへ寄ったら、好みのバッグを見つけた」

こんなふうに、**自分の心がプラスの感情になった瞬間を思い出すことがポイント**になります。

最初のうちは、なかなか「いいこと」が書けないかもしれませんが、続けていくうちに「いいこと」を探すアンテナが発達してきます。

そして、毎日「いいこと」を書き出すのが日課になった頃には、「私の毎日って意外と幸せ」とプラスに考えられるようになり、心も安らかになっていくのです。

Point

小さな「いいこと」を発見すれば、毎日幸せな気持ちになれる

気に入った言葉や歌詞をメモする

本の中で見つけたお気に入りの言葉をメモしたり、元気がもらえるような歌の歌詞を書きとめたりすることにも、心をプラスにする効果があります。

会社員の佐知子さんは、週末に図書館に行って小説を借りて、通勤電車の中で読むということを習慣にしていました。

ときどき、とても感動する本に出会ったときは、手元に置いておきたいと思うのですが、図書館の本なので返さなければいけません。

そこで、小さなノートを買って、特によかった言葉や印象に残る文章を書きとめておくことにしました。

佐知子さんは毎週、新しい小説を読むので、そのノートには心の残った言葉がどんどん記録されていきました。

同じように、佐知子さんは好きな歌の歌詞の特に気に入った部分も、そのノートに書くことにしました。

いわば、**自分だけの「名言集」**です。

佐知子さんは落ち込みやすく、会社で失敗したり、人からきつく当たられたりすると、深く傷ついてしまうところがありました。

しかし、このノートをつくってからは、気持ちが沈む時間が以前に比べてかなり減ったのです。

なぜなら、どんなに暗い気持ちのときでも、このノートに並んでいるお気に入りの言葉を眺めると、佐知子さんの心にはプラスの感情が湧いてきたからです。

さらに佐知子さんは、このノートの中でも特に好きな言葉を手帳に書き写して、時間のあるときに眺めるようにしました。

すると、一日の中で、笑顔でいる時間が増え、友人も増えたのです。

言葉には、それほどの力があるのです。

Point

好きな言葉を見るたびに、心はプラスの感情であふれる

その日出会った人に向けて「ありがとう」と書く

言葉には人の心をプラスにしたり、逆にマイナスにしたりする力があります。

日頃、口にする言葉、読む言葉、書く言葉、どれも同じです。

ですから、心がプラスになる言葉を日常の中でできるだけ多く使うことで、心を強くしていくことができます。

そして、**たくさんある言葉の中でも、最もプラスのパワーが大きいのは、「ありがとう」という言葉**です。

困っている人を助けたとき、「すみませんでした」と言われるのと、「ありがとうございました」と言われるのとでは、どちらがうれしいかという質問をすると、たいていの人は「ありがとうございました」のほうだと答えます。

これは、「ありがとう」という言葉を聞くことで、心にプラスの感情が湧き上がるからなのです。

また、言葉は脳と連動して、人の体に面白い現象をもたらします。

たとえば、**誰かの顔を思い浮かべながら「○○さん、ありがとう」と書くと、それまでたいして感謝していなかったのに、そう書いた途端に、その人にお世話になったことなどが浮かんできます。**

これは、「ありがとう」と書くことで、脳が「ありがとう」と書いた理由を自動的に探そうとするからです。

試しに、「お母さん、ありがとう」と書いてみてください。すると、急にお母さんにしてもらった色々なことが頭に浮かんできて、心の中から感謝の気持ちが湧いてくるのではないでしょうか。

この現象を利用して、その日に会った人の顔を思い浮かべながら、「○○さん、ありがとう」と1日の最後に書き出すと、穏やかな気持ちでその日を終えられます。

そして、**次の日も笑顔でその人と会うことができる**のです。

Point

「ありがとう」と書くと、本当に感謝したくなる

休日にやってみたいことを書き出す

毎日を楽しい気分で過ごすには、休日の過ごし方も大切になってきます。

ところが、「休日は何をしていますか？」と聞くと、「仕事が忙しいから、疲れを取るために寝ているだけ」「やることが多くて、休める時間はほとんどない」という答えが返ってくることが多いのです。

実は、そういうタイプの人は、心が弱くなりやすい傾向があります。

誤解しないでほしいのですが、休日にずっと寝ていたり、逆に用事に追われたりすることが絶対にいけないというわけではありません。

しかし、**休日という自由な時間は、楽しい気持ちで心を満たす絶好のチャンスです。そういうときに、ワクワクするような時間を過ごしていないと、心の中にたまっているマイナスの感情を追い出すことはできません。**

そこでおすすめするのが、休日にやってみたいことを書き出すことです。

「大好きな歌手のコンサートに行く」
「自然があふれているパワースポットに行く」
「たまには奮発して、ちょっと高級なレストランに行く」
「大好きな映画を観に行く」

スラスラ書くポイントは、やりたいけど先延ばししていることを思い出すことです。

書き出しているときに、「時間がないから無理」「そんなお金はない」と思うものも出てくると思いますが、気にせずに書き進めてください。

そして、その中から、**時間的にも金銭的にも実現可能なことを一つだけでいいので実行する日を決めましょう**。

すると、休日が待ち遠しくなると同時に、「明日からまたがんばろう」という気持ちになって、心にプラスの感情が増えやすくなるのです。

Point

休日にワクワクすることをすると、マイナスの感情を追い出せる

リラックスする方法を書き出す

毎日を楽しみながら生活するには、「がんばるとき」と「リラックスするとき」のメリハリをつけることが大切です。

ところが、**多くの日本人はつい、がんばることばかり優先して、リラックスすることを後回しにしてしまいがち**です。

「時間ができたら、リラックスしよう」と考えているものの、リラックスする時間が取れず、結局は疲れた体のままがんばり続ける人が実に多いのです。

しかし、いつも「がんばらなきゃ」と張りつめた気持ちでいると、そのうち神経がまいってしまうことでしょう。

やはり、**心にゆとりを持つためには、毎日の生活に少しでも「気持ちいいな」と思える時間を組み込んでいくことが必要**なのです。

「気持ちがいい」と感じると、心も体もリラックスします。

女性はもとより、最近は男性でも、美容院やエステ、マッサージが好きな人が増えていますが、これらも大きなリラックス効果があります。

しかし、毎日、美容院やエステに通えるわけではありません。

そこで、自分自身でできて「気持ちがいい」と感じられる方法を考えて、書き出してみてほしいと思います。

お気に入りの「気持ちのいい」場所やグッズを書き出すのもいいでしょう。

「お風呂に入るときは入浴剤やアロマオイルを入れて、好きな香りを楽しむ」

「○○駅の近くの○○カフェは紅茶がおいしくて、いるだけで気持ちがよくなる」

「○○公園の噴水のそばは、気持ちがよくなるスポット」

これらはほんの一例です。世の中にはリラックスできるアイテムがたくさんあるので、気になるものは気軽に試してみるのも楽しいと思います。

心を強くするためには、リラックスする時間を忘れないようにしましょう。

Point

毎日「気持ちがいい」と感じることをすると、心にゆとりを持てる

「できればやりたくないこと」のリストをつくる

「何をやったら、楽しいのかがわからない」と悩む人がいます。

そういう人は、これまでの人生で「楽しい」というプラスの感情を抑えつけてきた経験を、たくさんしてきているのかもしれません。

「目の前に楽しいことがあるのに、『今はそんなことをしている場合じゃない』と我慢していた」

「楽しいことに恵まれても『自分が楽しむと、周りの人はどう思うだろう？』と考えてしまい、結果的に楽しめなかった」

こんな思考パターンを繰り返していると、自分の心の中にある「楽しい」という感情がどんどんわからなくなってしまいます。

こういう場合は、「楽しいことがわからない」という気持ちを逆手に取って、「できればやりたくない」と思っていることを書き出してみてください。

なぜなら、**「やりたくないのにやっていることを減らす」と、心にあるマイナスの感情が減り、楽しいことに敏感な体質**になれるからです。

「頼まれてピアノを人前で演奏することもあるけど、実はそんなにやりたくない」

「自宅から職場が遠くて、毎日満員電車に乗っているけど、本当はイヤだ」

「やりたくないこと」が書けたら、今度は、それをやらないためにどうしたらいいかを書き出してみましょう。

「ピアノの演奏を頼まれたら、次からは勇気を出して断ろう。そのときに、どういって断ればお互いに気まずくならないか、事前に書き出しておこう」

「満員電車がつらいから、来年の春までに、会社の近くの駅に引っ越そう」

そんなふうに、やりたくないことから卒業できるように、努めるようにするのです。

自分自身に我慢を強いる代わりに、楽しく生きるコツが見つかるはずです。

Point

「やりたくない」気持ちに正直になると、楽しく生きるコツが見つかる

身近にある「楽しいこと」を探す

西洋のことわざに、**「クリスマスは年に一度しかやって来ないが、その翌日だって年に一度しかやって来ない」**というものがあります。

私たちは、クリスマスを「特別な日」としてパーティーをしたり、プレゼントを贈ったりして、積極的に楽しもうとします。

しかし、よくよく考えると、その翌日だって、年に一度しかない日であることに変わりはないのです。

つまり、このことわざは**「クリスマスもその他の日も同じくらい貴重な日だから、楽しんで生きよう」**ということを説いているのです。

しかし、「何か、いいことがないかな」と楽しいことが起きるのを待っているだけでは、なかなか楽しい日々はやってこないでしょう。

それよりも、毎日の生活にある「楽しみ」を自分から探して、実行していくほうが、ずっと確実に楽しい感情を味わえます。

楽しい感情を味わう時間が増えれば、人生そのものも楽しくなります。

早速、身近にある「楽しいこと」を探して、書き出してみましょう。

「キャラクターグッズを集めるために、定期的にお店をチェックすること」

「空いている時間に、お菓子を食べながら小説や雑誌を読むこと」

「ベランダでハーブやトマトなどの食べられる植物を育てること」

「友達と一緒に、新しくオープンしたお店巡りをすること」

このように、自分ではそれほど意識していないけれど、実は楽しめることが身の周りにはたくさんあると思います。

「人に言うのは恥ずかしい」というようなひそかな楽しみでもいいのです。自分が楽しんでいることが何よりも大切だからです。

小さな幸せを楽しむことができる人の心には、プラスの感情が増えていきます。

Point

楽しいことを待つよりも、既に楽しんでいることに目を向けよう

ハッピーな気分になる時間割をつくる

ここまで、休日にやってみたいこと、リラックスする方法、できればやりたくないこと、身近な楽しみなどを、それぞれ書き出すことができたと思います。

次にやってみてほしいのが、それらの書き込みを組み合わせて**時間割をつくる**ことです。手始めに1週間の時間割をつくってみましょう。

「1日目、月曜日は、お風呂に入るときに、いつもより高価な入浴剤を入れる」
「2日目、火曜日は、仕事で外出するので、最近話題の○○でランチをする」
「3日目、水曜日は、早めに帰宅して好きな映画のDVDを見る」
「4日目、木曜日は、スパに行ってリラックスする」
「5日目、金曜日は、親しい友達と食事会をして交流を深める」
「6日目、土曜日は、彼氏と水族館でデートする」
「7日目、日曜日は、のんびりと小説を読む」

こんなふうに、楽しいことを中心に、手帳やカレンダーに書き込んでいくのです。するど、「楽しい予定が毎日最低一つはある」ということが、実際に目で見てわかるので、ずっとハッピーな気分でいることができます。

学校に行っていたときは、「1時間目は国語」「2時間目は体育」というように決められた時間割があったと思います。

大人になった私たちは、自分で好きなように時間割をつくることができます。

なかには、「きっと仕事ばかりの時間割になるから、そんなに楽しくなさそう」と考える人もいるかもしれません。そういう人は、仕事の合間に楽しいことを取り入れたり、「仕事は仕事」と割り切って、それ以外の楽しみを書き込んだりすれば、その人なりのハッピーな時間割ができるはずです。

実際に実行できなくてもかまいません。意識が「未来の楽しみ」に向いていると、自然と心もプラスの状態に向かうのです。

Point

自分好みの時間割をつくると、楽しい気分がずっと続く

「いつもと違うこと」を計画してみる

「わけもなく、憂うつな気分になることがある」「以前は楽しかったことが、今は楽しめない」というときは、心がかなり弱りかけているサインです。

こういうときは、思い切っていつもと違うことにチャレンジすることをおすすめします。

人間はずっと同じ場所にいて、同じことを繰り返していると心のエネルギーが停滞します。いわゆる、マンネリの状態になるのです。

最初は楽しくても次第に、「飽きた」「退屈」と感じるのはこのためです。

そんな状況から抜け出すには、いつもの日常に変化を加えるしかありません。

たとえば、今いる場所から別の場所へ移動してみたり、普段はやらないことにチャレンジしてみたり、人にすすめられたことをやってみたりすることは、心にいい意味で刺激をもたらします。

「いつもと違うこと」でチャレンジしてみたいことを書き出してみましょう。

「1週間の休みをとって、南の島に行く」

「山や高原など、自然豊かな場所でキャンプをする」

「海でクルージングを楽しむ」

「自宅に友人を招待してホームパーティーを開く」

書いている途中で、「こんなの絶対無理」と思うこともあるかもしれませんが、最初からあきらめる必要などありません。

というのも、**すぐにはできないことでも、計画を立てて、できる限りの手だてを尽くせば実現することもある**からです。

いつもと違う行動を取ると、脳と心が活発に動き出します。

一時的にマイナスの感情が湧いてくることもありますが、それ以上にプラスの感情がよみがえる効果のほうがずっと大きいので、ぜひ実行してみましょう。

Point

日常に変化を加えると、心にプラスの感情がよみがえる

あらゆるジャンルで、自分の好きなものを書く

心にプラスの感情を増やすには、自分の好きなことをしたり、好きなものに囲まれて過ごしたりするのが一番です。

しかし、実際には毎日、好きなことだけをしていればいい、というわけにはいきません。

人付き合いをしていると、「正直、自分はこちらのほうが好きなのに」と思っているのに、他人に合わせなければならないときがあります。

また、テレビやインターネットを見ていると、大量の情報が流れてくるため、本当に自分にとって大切なことを見失ってしまうことがあります。

しかし、**「他人や情報に振り回されている」**のは、**「自分の好きなことをする」という状態とは正反対の状態**です。

そういう状態が続くと、心はマイナスに傾き、毎日を楽しめなくなってしまいます。

そんな状態にならないためには、「誰にどう思われようと、これが好き」と思えるものを、自分の中で明確にしておくことが大切です。

たとえば、「パンをつくったり、美味しいパン屋さん巡りをしたりするのが大好き」という人は、好きなパンや自分がつくることのできるパンの種類、お気に入りのパン屋さんを書き出してみるのです。

実際にやってみるとわかるのですが、ただ好きなものを書き出すだけで、心が途端にワクワクしてきます。

人は、自分の好きなものに触れているときが、最も自分らしくいられます。

つまらない毎日だと感じているのなら、原点に返って、自分の一番好きなことを書き出してみましょう。

多くの情報に流されて生きるのではなく、自分の「好きなこと」を軸に生きるほうが、心が楽しくなり、しかも気持ちが安定するのです。

Point

ただ好きなものを明確にするだけで、心はワクワクしてくる

Chapter 6

毎日が楽しくなるノート術のまとめ

- 寝る前の「今日あったいいことの書き出し」を習慣化しよう
- 自分だけの名言集をつくってみよう
- 出会った人への「ありがとう」で１日を締めよう
- 「休日へのワクワク感」が心のプラス感情を増やす！
- お気に入りの「気持ちのいい」場所やグッズを書き出してみよう
- 「やりたくないこと」から逆算してやりたいことを見つけてみよう
- 毎日の生活にある「楽しみ」を探してみよう
- マンネリによる心のエネルギー停滞に要注意！
- 他人に流されない「誰にどう思われようと、これが好き！」を明確にしておこう

第 7 章

書けば書くほど夢が叶う

「こうなったらいいな」とイメージしていることを書き出す

どんなことでもいいので、夢を持ちましょう。
そして、気軽な気持ちでいいので、夢を文字にして書き出してみましょう。
神とつながっている「紙」に書き出すことで、夢そのものにパワーが備わり、実現の可能性が高まります。

「自作のアクセサリーを販売したり、作品集を出版したりしたい」という夢を持っていた佐知子さんは、その夢を紙に書き出して、家の壁に貼っておいたところ、家に遊びに来た友人から、「ネックレスをつくってほしい」と頼まれたり、「ネットショップを運営している人を紹介するから、アクセサリーを扱ってもらえるように頼んでみたら？」と取り持ってもらえたりという、ラッキーな出来事が続きました。

「そんなにうまくはずがない」と思う人もいるかもしれませんが、実際に夢を叶えている人たちは、間違いなく同じような体験をしています。

案ずるより生むが易《やす》し。「本当かな」と疑うヒマがあるなら、実際に書き出してみましょう。

「夢と言われても、思いつかない」という人は、「こうなりたいな」「こうなったらいいな」と頭の中でぼんやりイメージしていることでもいいのです。

「英語がペラペラに話せるようになって、字幕なしで映画を観たり、イギリスへ短期留学をしたりしてみたい」

「お庭のある一軒家に住んで、犬や猫などのペットたちに囲まれて過ごしたい」

「同じ職種で、価値観の合う人と結婚して、二人で一緒に仕事をしたい」

このように、**文字にして書き起こすと、「自分にはこんな夢があったんだ」と直接目で見て確認できるため、単なるイメージでは終わらなくなります。**

一度きりしかない人生です。だからこそ、自分らしい夢を持って、ワクワク生きていきたくはありませんか。

Point

夢を持つと、それを実現するためにハッピーな展開が起こりやすくなる

夢を「願い事」として書き出す

夢を持つことに対して、消極的な人たちがいます。

そういった人たちは、「夢なんて、そう簡単には見つからない」「悩み事がいっぱいで夢を持つゆとりがない」と思っているようですが、そんなタイプの人たちにおすすめの方法があります。

それは、**夢を「願い事」に置き換えて、書き出してみる**ことです。

「願い事」というと、初詣で神社にお参りするときに「今年も幸せでありますように」と神様にお願いしたり、七夕《たなばた》のときに短冊に「ステキな出会いがありますように」と書いたりするように、「夢」よりも気楽なイメージがあります。

そのイメージを利用しながら、「私の願い事って何だろう？」と考えると、いろいろな願いが思い浮かんでくるのではないでしょうか。

「今年こそ、ファイナンシャルプランナーの資格を取りたい」

「富士山の登山にチャレンジしてみたい」

「今、片思い中の○○さんと恋人同士になりたい」

「5キロダイエットして、ミニスカートやワンピースを可愛く着こなしたい」

こんなふうに書けたら、その願い事をそのまま「自分の夢」にしてしまいましょう。

そして、その「夢」を書き出した部分を、ことあるごとに開いて眺めるようにするのです。すると、夢に関することが次第に引き寄せられてきます。

それが**「引き寄せの法則」**といわれるものです。

願っていることを心の中に強く焼きつけておくと、自然にそれに向かって行動するようになり、やがて願いは現実の出来事として引き寄せられるという現象です。

ワクワクするような夢を書き出すのに、あまり難しく考える必要はありません。

どんな内容の夢であれ、自分の心が満足することが何よりも大切です。

心が満足するように、自分が心から叶えたい夢を探してみましょう。

Point

願い事を気楽に考えると、いろいろな「夢」が思い浮かぶ

子どもの頃に好きだったことを思い出す

自分らしい夢は、そのことを考えただけでもうれしくなるもの、自分の心がワクワクするものを見つけるのがベストです。

そんな**夢を見つけるためのヒントは、子どもの頃に好きだったこと、熱中したことの中にあります**。

子どもの頃は、誰しも無邪気な心を持っています。

そのため、自分の好きなものがあったら、何のためらいもなく夢中になります。「自分には向いていないのではないか……」「他にもっとおもしろいものがあるのではないか？」なんて、マイナスなことを考えたりしません。

そして、夢を口に出すときも、それが「実現できるか」「できないか」という余計なことは一切考えず、自分の思うままに伝えようとします。

実は、その**純粋な気持ちこそが、夢を叶えるための大きな力となる**のです。

子どもの頃に好きだったことを思い出して、書き出してみましょう。

「スポーツが好きで、野球の試合では毎回レギュラーで出ていた」

「絵を描くのが好きで、学校が休みの日は一日中描いていることもあった」

「小さい子と遊ぶのが好きで、近所の子どもにいろんな遊びを教えていた」

こんなふうに、誰でも心底楽しんでいたことが一つや二つはあると思います。

「子どもの頃のことはなかなか思い出せない」という人は、両親や当時仲良しだった友達などに聞いてみてもいいかもしれません。

自分では思い出せないことでも、周りの人が覚えている例はよくあります。

過去に好きだったことは、実は今も好きなことだったり、自分が得意なことだったりする可能性もあるのです。

そのまま夢にはできなくても、「こんなことをするとワクワクする」という答えが見つかれば、次第に心はプラスに傾いていきます。

Point

過去に楽しんでやっていたことが、夢につながることもある

自分の得意なことを書き出す

「あなたの得意なことは何ですか？」と質問すると、答えられない人が多いようです。

自分の得意なことを知ることで、自信が湧いてきますし、得意なことを生かして人に喜ばれれば生きがいにもなります。

ですから、得意なことがわからないという人は、じっくりと考える時間を設けて、一度、書き出してみるといいでしょう。

「一度見たら、その人の顔と名前を覚えられること」

「散らかっている場所を素早く掃除すること」

「何かおもしろいアイディアを見つけて企画書をつくること」

得意なことといっても、誰よりも上手にできることを探す必要はありません。

「周りの人より少しだけ得意かな」というもので十分です。

夢を本気で実現しようとするときには、自分が好きなことにプラスして、得意なこ

とを生かしたほうがうまくいくものです。

たとえば、「占い師になりたい」という夢を持っていたとしても、占いに関する勉強をするのが面倒だったり、人と接するのが苦手だったりすると、なかなかうまくいかないばかりか、途中で挫折してしまうこともあるでしょう。

やはり、勉強をするのが苦にならなくて、人とコミュニケーションを取るのが得意な分野のほうが、自分の才能を開花させることができるのです。

私たちは、自分が得意でないことをやり続けると、空しい気持ちになります。どんなに頑張ってもうまくできないし、そのせいで悩むことも増えるからです。

得意なことは、神様からのプレゼントです。

そのプレゼントを、人生の中で生かそうと意識することで、夢が叶う可能性がグッと高まるでしょう。

Point

他人よりちょっと上手にできる部分に注目すれば、夢が叶いやすくなる

夢を叶えるための計画を立ててみる

叶えたい夢を見つけたにもかかわらず、次の段階で悩みがちなのは、「どんなことをしたらいいのかわからない」ということです。

たとえば、行ったことのない場所にたどりつくには、道順がわかるような地図は必要不可欠です。

行き先がいくら有名な場所だったとしても、初めての場所ならば地図がなければどういうふうに行けばいいのか、見当がつきません。

しかし、最寄りの駅や街の名前が記してあって、どの道を曲がればいいのか、信号はどこを渡ればいいのかなどの細かい情報が載っている地図があれば、気持ちがだいぶ違ってきます。

「この地図を頼りにしていけば、きっとたどりつける」という確信が持てるので、その場所へ行くのがラクになるのです。

これは夢でも同じことが言えます。

「カラーコーディネーターの資格を取って、セミナーを開きたい」という夢を持っていたとしても、具体的な計画がなければ、当面、何から手をつけていいのかわからず、戸惑ってしまいます。そうなると、「夢のためにがんばろう」というモチベーションだって高まらず、心が弱くなってしまうかもしれません。

ですから、**夢を見つけたら、そのすぐあとに計画を立てること**をおすすめします。

「カラーコーディネーターの資格を取れるスクールを探す」

「そのスクールに通うために、仕事の配分を調整する」

「スクールを卒業したら自分で開くセミナーの内容を考える」

こんなふうに、**夢のためにやるべきことを書き出していくと、「夢はこうすれば叶えられるんだ」というモチベーションと自信が芽生えてきます**。

計画を一つずつ実行するたび、心はプラスに傾くのです。

Point

夢のためにやるべきことがわかると、モチベーションが湧いてくる

夢に向かって小さな目標をつくっていく

夢に向かって前進するためには、計画を立てることと同じくらい大切なことがあります。

それは、**夢に対して目標をつくっていくこと**です。

世の中には、夢を持ちながらも途中で挫折してしまう人があとを絶ちません。

そういう人が夢をあきらめる原因は、失敗だけとは限りません。

特に、大きな夢を持っているほど、叶うまでに時間がかかってしまうものです。

そのことを忘れてしまうと、先に夢を叶えた人に嫉妬したり、「なんで自分の夢はなかなか叶えられないんだろう」と深く悩んでしまい、心が弱くなり、ついには夢をあきらめてしまいます。

心にプラスの感情を保ちながら、夢を叶えるためには、「○○をする」という現実的な目標が重要になってくるのです。

そこでやってほしいのが、一つの夢に対していくつか目標を書き出すことです。

心理学に**「スモールステップの法則」**というものがあります。

これは、初めから大きな夢を叶えようとするのではなく、やるべきことを小さく分け、**やりやすいものから一つずつ達成していくことで、最終的に夢を叶えてしまう法則**です。

たとえば、「国内のさまざまな島に旅行したい」という夢を持っているならば、「今週中に行きたい島を一つ決める」「〇日までに旅行の計画を立てる」「〇日までに飛行機のチケットを取る」というふうに、しっかり期限を決めた目標を立てていけば、着実に夢を叶えることができるのです。

夢を叶えるのに焦りは禁物です。焦ったら、せっかくうまくいきかけたことも台なしになってしまうことがあります。

まずは、目の前の小さな目標に取り組んでいきましょう。

Point

大きな夢を叶えるために、小さな目標を一つずつ達成していく

夢が叶ったときのメリットを書き出す

夢を叶えるためには、ときとしてつらいことをしなければならないことがあります。

たとえば、「もっとスレンダーな体型になりたい」という夢があるなら、ダイエットが必須になります。

ダイエットをするためには、食事制限をしたり運動をしたりすることが欠かせません。これまで食べたいときに好きなだけ食べていた人や、運動が苦手で自宅にこもりがちな人にとっては、つらいものがあります。

しかし、ダイエットに成功したときのメリットはたくさんあります。

体がスリムになるのはもちろんのこと、これまで着こなせなかった洋服が似合うようになります。「太っている」というコンプレックスも解消されて、異性との出会いにも積極的になれるはずです。

このように、**夢が叶ったときのメリットを考えると、夢を達成するために、面倒な**

ことやがんばらなければならないことが出てきても、それほど大変に感じなくなり、進んで努力ができるようになります。

良子さん（仮名・26歳）は、社会人でありながら大学へもう一度入学したいという夢がありましたが、試験勉強になかなか身が入らないでいました。

「このままじゃいけない」と思った彼女は、夢が叶ったときのメリットをノートに書き出してみました。

「大学に入学できれば、もっと専門的なことを学べる」

「大学で勉強することで、キャリアアップすることができる」

「社会にいる同じ学校の卒業生と、強いつながりが得られる」

それからというもの、良子さんは「もっと友達と遊びたい」「休日くらいはのんびりしたい」という欲求をセーブできるようになったそうです。

夢を邪魔するいろいろな誘惑に負けないことも、心をプラスにする秘訣なのです。

Point

つらいことよりもメリットを中心に考えると、夢を叶える努力ができる

夢を実現するためのアイディアを書き出す

夢を叶えるのは、決して難しいことでありません。しかし、すぐには叶わない夢も現実にはあります。

たとえば、「外国に移住したい」という夢を持っている人がいたとしましょう。

その人が、住みたい国の言語をまるでわからなかったり、金銭的に余裕がなかったり、一人で外国へ旅行すらしたことがなかったりしたら、そうした夢をすぐに叶えるのは無理かもしれません。住みたい国の治安が悪かったりすれば、周りの人にも「そんな危険なことはやめたほうがいい」と反対されるでしょう。

このように、叶えたい夢が大きかったり、「今の自分には少し無理がある」と思ったりしたときは、いきなり行動を起こすのではなく、まず**夢を叶えるためのアイディアを考えて、心をプラスにしていく**といいでしょう。

派遣社員の優子さん（仮名・29歳）には、「カフェを開きたい」という夢がありましたが、周りの人たちに反対されていました。

なぜなら、彼女は飲食業で働いた経験もないうえに、カフェを開くお金もなかったからです。唯一持っているのは調理師の免許だけです。

それでもあきらめきれない優子さんは、夢を実現するためのアイディアを書き出してみました。

「週末だけでも借りられる場所を探して、試しにカフェを開いてみる」

「自分と同じようにカフェを持ちたい人をつのって、協同で店舗を借りる」

「自宅でカフェを開いて、インターネットで宣伝してお客さんを集める」

うまくいくかどうかはさておいて、いろいろなアイディアを出してみたところ、彼女は「夢を叶える方法は意外とたくさんある」とわかって、安心したそうです。

安心すれば、心にはプラスの感情が増えて、夢に一歩近づけます。

大切なのは、いつも夢に向かって前向きな気持ちを保つことなのです。

Point

行動を起こす前にアイディアを出すと、夢を実現するヒントが見つかる

夢のために実行してきたことを書き出す

夢のためにいろいろ行動を起こしているのに、「思い通りにいかない」と感じるときがあります。

「失敗しているわけではないけど、前進している実感がない」

「時間とお金をたくさんかけている割に、夢に近づいていない気がする」

このような**ネガティブな感情を放っておくと、夢へ向かっていくモチベーションが下がっていき、次第に行動することがイヤになってしまいます**。

そんな状況に陥ってしまう前に、これまで自分が実行してきたことをノートに書き出してみましょう。

たとえば、「女性専用の美容サロンを開きたい」という夢を持っていたとしたら、

「化粧技術の講習を受けて、毎月、練習のために友達にやってあげている」

「マッサージの技術を学ぶスクールに毎週末通っている」

「人脈をつくるために、女性起業家が集まる交流会にはなるべく出席している」

「起業のノウハウを教えてくれる先生を探して、興味のあるセミナーに出ている」

「実績をつくるために、ときどきボランティア価格でマッサージを提供している」

というふうに書き出してみると、まだ何もやっていない最初の頃からしたら、ずいぶん夢の実現に近づいていることに気がついて、希望が持てるようになります。

そして、**書き出したものを定期的に見返して、新たに実行したことも書き加えていきましょう**。そうすると、ときどき心に湧いてくるネガティブな感情を追い出せるので、最終的に夢に到達することができるのです。

どんなに心の強い人でも、「夢を叶えるためにここまで進んだ」という成果が目に見えないと、苦しくなってくるものです。

書くことで過去の自分を見直すことは、気持ちをプラスに保つためにも非常に効果的なのです。

Point

夢のためにやってきたことを、目に見える形で定期的に確認しよう

夢を見直して、合わないところを修正する

夢を追いかけている途中で、「何か違うかも」と違和感を抱くことがあります。

「ワクワクしていたのは最初の1年だけで、今はそんなに楽しく感じなくなった」

「努力してみたけど、自分が思い描いていたイメージと違っていた」

という具合です。

「自分にはこれしかない！」という確信を持っていた夢でも、実際にそれに向かって歩んでみると、「自分がやりたいことではないかもしれない」「自分の個性に合っていない」と感じるケースは珍しくありません。

そんなときにやってほしいのが、**以前書き出した夢の内容を見直して、「違う」と感じたところを修正すること**です。

スタイリストの弘恵さん（仮名・27歳）は、以前アパレル関連の会社で働いていましたが、「独立してフリーランスで働く」という夢を抱いていました。

そのため、空いている時間を使って、ときどき個人で仕事を受けていたのですが、やっていくうちに「営業が苦手なので、こういう働き方は自分には向いていないかもしれない」と悩むようになりました。

そこで、ノートを開き、夢を書き直してみました。

「今の会社で働き続けて、自分が好きなことができそうな部署へ異動願いを出す」

「自由な雰囲気のある会社へ転職する」

どちらの夢も「今の自分にピッタリ」と感じた弘恵さんは、異動の働きかけと転職活動を同時に始めて、現在は自分が希望した会社へ転職できたそうです。

このように、**一度決めた夢に縛られず、そのときの状況や自分の気持ちを尊重して、方向転換したほうが結果的にうまくいく**こともあるのです。

人生で大切なのは、自分が本当に満足する夢を叶えることです。**自分の直感を信じて、好きな道を選ぶ**ようにしましょう。

Point

一度決めた夢でも、あとから好きなように変えてもいい

Chapter 7

夢が叶うノート術のまとめ

- まずは気軽な気持ちで、
夢を文字にして書き出してみよう
- 夢は「引き寄せの法則」にしたがう！
- 夢の原点は「子どもの頃に好きだったこと」にある！
- 夢実現の第一歩は自分の得意なことから！
- 夢を叶えるための計画を立てるだけで
心がプラスへと向かう！
- 夢実現の大敵は焦り！
- 夢のその先も書き出してみよう
- いくつものアイディアが夢実現へと導く！
- くじけそうになったら
今までやってきたことを振り返ってみよう
- 夢は何度でも修正できる！

第8章

書けば書くほど人に好かれる

相手と約束したことを書き留めておく

誠実な人は、それだけで人から好かれます。

たとえば、**相手とかわした約束を守ることは、相手から信頼を得るための一番シンプルな方法**です。

「約束を守るなんて簡単なこと」と思う人もいるでしょうが、実際のところ、すべての約束を守りきれる人は、そう多くはありません。

なぜなら、「まあ、いいか」と軽い気持ちで約束してしまうことや、本当は約束するつもりがないのに流れにまかせて、「いいよ」と言ってしまうことがあるからです。

そんなときでも、「約束をしたのだから守ろう」と考えて行動に移せる人は、相手に喜ばれ、好感を持ってもらえます。

とはいっても、日々いろいろな人と会う中で、かわした約束を忘れてしまうこともあるかもしれません。

そこでぜひ実行したいのが、誰かと約束したら**すぐにノートに書き留めること**です。

たとえば、隣の部署の人と「今度、食事に行きましょう」という話になったときは、まだ日程を決める段階ではないので手帳には書かないと思います。

でも、そんな口約束はうっかりするとすぐに忘れてしまうので、ノートに「隣の部署の○○さんと食事をする約束をした」と書いておくのです。

そうすることで、あとでノートを読み返して、「そうだ。○○さんと食事する日を決めよう」と思い立ったら、すぐに相手に連絡を取ることができるのです。

この方法の**最大のメリットは、どんなに小さな約束でも忘れずに守れることです。**

「いちいち約束を書き留めるのは面倒」かもしれませんが、やっておいて絶対に損はありません。

約束をコツコツ守っていくことが、人からの信頼を集め、自分自信の成長にもつながるのです。

Point

どんな約束でも忘れずにいると、
相手から信頼を得られる

相手に「してもらったこと」を記録しておく

人に感謝できない人は、好かれません。

物をもらったときに「ありがとう」と言うことはもちろん大切なことですが、**忘れてはいけないのが、自分に手を貸してくれた人に対する恩返し**です。

日本には、**「かけた恩は水に流せ、受けた恩は石に刻め」**という格言があります。

これは、多くの人が、人にしてあげたことはずっと覚えているのに、その反対に、人から受けた恩はすぐに忘れてしまう、ということからできた言葉です。

それほど、**人は誰かに親切にしてもらったこと、お世話になったことなどを、すぐに忘れてしまう**のです。

好かれる人というのは、人から何かしてもらったとき、それをしっかりと心に刻みます。「ありがとう」と言うのはもちろん、必ずといっていいほど、その人のために「お返し」をするように心がけています。

順一さん（仮名・28歳）は、誰かに助けてもらったときは、必ず「誰に」「どんなことをしてもらったか」ということをノートに記録しておくそうです。

たとえば、会社の同僚が旅行先でお土産を買ってきてくれたときは、「ステキなお土産をありがとう」と感謝の言葉とともに受け取り、「同僚の○○さんが旅行先でお土産を買ってきてくれた」と書き残しておきます。

そして、その後、自分が旅行に出かけたときは、その人へのお土産を忘れずに買うようにするのです。

もちろん、何か物をもらったときだけではありません。

仕事を手伝ってくれたときや、人前でほめてもらったとき、役に立つ情報を教えてくれたときなども書き残しておいて、後日別の形でお返しします。

そんな順一さんは、職場の人気者です。順一さんが困ったときは助けてくれる人が多くいます。それは、順一さんが人の恩を大切にする人だからといえるでしょう。

Point

恩返しすることを心がけると、人から助けられることが増える

身近な人に感謝していることを書き出す

感謝の対象として、意外といい加減になりがちなのが、家族や恋人、親しい友人など、自分を支えてくれている身近な人たちです。

こういう人たちとは、心の距離も近く、一緒にいる時間が長いため、「感謝の気持ちを伝えたいけど、なかなか言うタイミングがつかめない」「恥ずかしくて、今さらどんなふうに感謝していいかわからない」などと考えて、二の足を踏んでしまいがちです。

しかし、**本当は身近な人たちに対してこそ、感謝をするべきポイントが数えきれないほどある**のです。

そこでおすすめしたいのが、身近な人から受けた恩を書き出すことです。

めぐみさん（仮名・25歳）は最近、恋人とギクシャクしていました。彼の欠点ばかりが目について、会うといつもケンカになってしまうのです。

「このままでは別れることになりかねない」と感じていた彼女は、恋人にしてもらったことを思い返して、具体的にノートに書き出してみました。

「仕事が忙しいのに、毎日1回は電話をくれる」

「いつも、自分が行きたい場所をデート先に選んでくれる」

「食事をするときは、たいてい彼がお金を支払ってくれる」

「自分が体調を崩したときは、一生懸命看病してくれた」

このように書いていくうちに、「彼氏なんだから自分に尽くしてくれるのは当たり前」という気持ちが消えていき、「彼に感謝の気持ちを伝えよう」と思って早速、「いつも、ありがとう」というメールを送ったそうです。

感謝は、するほうの心にもされるほうの心にも、プラスの感情を増やします。

大切な人に感謝の気持ちを伝えれば、お互いに幸せになることができるはずです。

Point

自分を支えてくれる人ほど、感謝するポイントがたくさんある

相手に伝える「ほめ言葉」を考える

人から好かれるための最も簡単な方法は、ほめることです。

実践してみるとわかると思いますが、**たいていの人はほめられると笑顔になって、ほめてくれた人に好感を持つ**のです。

しかし、人をほめることに慣れていない人は、「どんなふうにほめたら、相手が喜ぶかわからない」「変なことを言ってお世辞だと思われ嫌われたら、どうしよう」と考えて、なかなか実行に移せないかもしれません。

そういう人にぜひ試してほしいのが、相手に伝えたい「ほめ言葉」を考えて、ノートに書き出すことです。

人にはそれぞれほめられて「うれしい」と感じるポイントがあるものです。

ですから、言葉を選ぶときは、「この人の場合、何をほめられたら、うれしく感じるだろう?」ということを、自分なりに分析することが大切になります。

たとえば、イラストを描くことが大好きで、いつも絵のことを楽しそうに話している人というのは、

「○○さんは、ときどき個展を開いていると聞きました。芸術家みたいでステキですね。今度個展を開くときは、ぜひうかがいたいです」

「○○さんのイラストって、色使いが美しいですね。見ていると心が癒されます」

「仕事も忙しいのに、その合間に絵を描く集中力があるのがすごいですね」

というように、絵に関することをほめられるとうれしいはずです。

ほめ言葉自体はシンプルなものでかまいませんが、いろいろなパターンのほめ方を書き出しておくと、いざというときにほめ言葉が口から出やすくなります。

成功哲学の第一人者といわれたジョセフ・マーフィー博士は、「人の欠点を見つけて批判するヒマがあったら、人の長所を見つけてほめる習慣を身につけましょう」と言っています。ほめ言葉をたくさん使って、お互いの心をプラスにしていきましょう。

Point

相手が喜びそうなほめ言葉を用意しておくと、ほめやすくなる

相手のために「励ましの言葉」を書き出しておく

人から好かれる方法はいくつもありますが、「ほめ」とともに効果が大きいのが、相手が落ち込んでいるときや、何かに悩んでいるときに、励ましてあげることです。

励ますことは、プラスの言葉を使って、相手にエネルギーを注ぐことです。

ただし、人を励ますのは、人をほめるときよりも少し注意が必要です。

なぜなら、励ます相手は心が弱っている状態なので、声をかけるときは慎重に言葉を選んだほうがいいからです。

励ましてあげたい相手がいる人は、その人のことを思い浮かべながら、「どんな言葉をかけてあげたらいいか」を考えて、書き出してみましょう。

たとえば、友達が失敗して落ち込んでいるときには、

「大変だったね。でもあなたはよくがんばったと思う。きっと今度はうまくいくよ」

「失敗することって、誰でもあるよね。私も以前、あなたと同じような失敗をして、

落ち込んだ経験があるのよ」

「失敗したら落ち込んじゃうよね。君の気持ち、とてもわかる。気晴らしに今度の休日、遊びに行かない？」

というように、自分の経験をもとに相手を思いやる励まし方がいいと思います。

励ますときにやってはいけないことは、励ましながら自分の自慢話をしたり、「こうしたほうがいいよ」などと上から目線で意見を押しつけたりすることです。

ある女性は、友人に励ましのメールを送ったのに、相手から返信が来ませんでした。それは、彼女が「だから、あのときにやめたほうがいいっていったのに。私のときはね……」と、励ましているつもりで、説教をしていたからです。

人は無意識でいると、つい自分本位に物事を語ってしまいます。

ですから、励ますときはまずは相手の気持ちに共感することを意識して、元気づけてあげることが大切です。

Point

言葉をかける前に励まし方を考えておくと、相手の心に届く

気になる相手との共通点を探してみる

心理学では、共通点がある人同士は、お互いに好感を持ちやすいことがわかっています。

「類は友を呼ぶ」という言葉があります。同じような仕事をしていたり、同じようなものが好きだったり、同じような考え方をしている人同士は、当然、話が合うので会話が弾むため、仲良くなりやすいのです。

ですから、**好かれたい相手がいる場合は、その人との共通点を探して、書き出しておくこと**をおすすめします。

共通点を探すためには、普段から相手のことを観察したり、会話の内容をしっかり聞いておくことが重要です。

「先輩の○○さんとは、同じ大学の出身」

「最近知り合った○○さんとは、年齢が同じで、以前住んでいた場所が近い」

「課長とは、通っているスポーツクラブが同じらしい」

「知人の○○さんは、自分と同じく、昔バイオリンと習っていたようだ」

「片思いの○○さんとは、好きなタイプの映画が同じようだ」

こんなふうに、ささいな共通点でもかまわないので、どんどん書き出しましょう。

「共通点なんて、そんなにない」と思う人もいるかもしれませんが、細かく探していくと意外と見つかるものなので、根気強く探してみてください。

そして、その人に会ったときは、「○○さんとは以前住んでいた場所が近いみたいですね」というふうに、共通点に関する話を振ってみるのです。

すると、相手も「最近はあの地域もお店が増えて、人気の街になっているみたいですよ」と答えて、話題が膨らむでしょう。

共通点を知っておくと、相手に話しかけやすくなります。そのうえ、「この人と一緒にいると楽しい」と感じてもらえるので、相手に好かれるきっかけとなるのです。

Point

小さなことでも共通点があれば、相手と仲良くなりやすい

人気のある人物像を研究する

より人から好かれる人間になるためには、「こんなふうになりたい」という具体的な理想像を持つといいでしょう。

そこでおすすめするのが、**自分から見て「この人は人気者だな」と思う人をお手本にして、研究してみること**です。

たとえば、タレントや俳優、活躍している作家や起業家などの著名な人は研究しやすいといえます。

そういう人がテレビで自分の考えを話しているのを見たり、雑誌や本でライフスタイルを発表しているのを読んだりして、「この部分がステキだな」「こういうところが人気の秘密かもしれない」と思ったところを書き出してみましょう。

「女優の○○さんは、容姿もスタイルも美しいのに、それを自慢しない」

「タレントの○○さんは、誰に対しても分け隔てなくやさしい」

「作家の○○さんは、生活に困っている人のためにボランティア活動をしている」

「起業家の○○さんは、どんな仕事でも手を抜かずに、一生懸命やる」

また、身近にいる人気者を、研究してもいいでしょう。

「会社の先輩の○○さんは、忙しいのに頼まれたことをほとんど断らない」

「友達の○○ちゃんは、言葉使いが丁寧で、口調がやさしい」

このように、**人気のある人の特徴を研究していくと、その人がなぜ人気があるのか、わかってきます。**

その**ポイントをつかんできたら、できそうなことから真似をして、自分の中に取り入れていきましょう**。

世の中には人気のある人がたくさんいますが、皆それぞれ特徴があります。

ですから、参考にする人は何人いてもいいと思います。

他人の長所を上手に取り入れることで、好かれる自分に変身できるはずです。

Point

人気者の特徴をつかんで真似すると、自分もそれに近づける

相手の性格や好みを把握する

誰からも好かれる人は、人の気持ちを読むことが上手です。

人は誰でも、周りの人に対して「自分のことを理解してほしい」という気持ちを持っているものです。

人の気持ちを読める人は、そのときどきで「この人はこんなことを言ってほしいみたい」「この人は助けを借りたいみたい」というふうに、相手の気持ちを察知することができて、望み通りのことをしてあげられます。

そのため、周りの人に「あの人は気が利く」「気配りができる人」という評価をしてもらえるのです。

とはいえ、いきなり気が利く人になるのはちょっと難しいので、まずは試してほしいことがあります。

それは、**「この人たちと仲良くやっていきたい」と思う人たちの性格や好みを把握**

して、書き出しておくことです。

たとえば会社なら、

「上司の○○さんはとても真面目な性格。礼儀正しく、どんなに忙しいときでも時間は必ず守る」

「同僚の○○さんはマイペースな性格。仕事では完成度を一番大切にしているので、ペースが遅いときがある」

「友達の○○ちゃんは、生まれつき他の人よりも体が弱い。だから、刺激の強い食べ物は食べられないし、体力を使う遊びはできない」

「知人の○○さんは演劇を鑑賞するのが趣味で、テレビを見るのが嫌い」

こんなふうに書いておくと、その後、相手と接するときに「こんな対応をすれば、相手は満足するだろう」とパッと思いつくことができます。

相手のことを理解するよう努めると、人間関係がうまくいくのです。

Point

相手のことを理解してあげるようにすると、気配り上手になれる

相手の触れてほしくない点を覚えておく

「好かれるためには、人の気持ちを理解することが大切」と述べましたが、もう一つ忘れてはいけないことがあります。

それは、相手の触れてほしくない点を持ち出さないことです。

自分自身の気持ちに置き換えて考えてみましょう。

たとえば、「なかなか恋人ができない」ということをコンプレックスに感じていたとします。そんなとき、女友達に彼氏がいることを自慢されたり、誰かに「なんで恋人がいないの？」としつこく聞かれたりしたら、どんな気分になるでしょう。

きっと、「彼氏がいない自分ってみじめだ」と落ち込んでしまうか、「恋人がいないことをバカにされた」と、相手に嫌悪感を抱いてしまうのではないでしょうか。

そう考えると、**自分も相手にイヤな感情を抱かせないことが大切**だということがわかります。

「その人がどんなコンプレックスを持っていそうか」「どんなことに触れてほしくなさそうか」を事前にチェックしておいて、それに関する話題は持ち出さないことです。

そのためにできることが、相手の触れてほしくない点を書き出しておくことです。

「部長は奥さんを病気で亡くされているので、家庭に関する話題はしない」

「先輩の○○さんは、同期の人が先に結婚したことを気にしているので、結婚に関する話題は出さない」

「彼氏は、親しい友達が自分より収入が高いことをコンプレックスに感じているので、お金に関する話題は自分から出さない」

こんなふうに書いておくと、相手を傷つけることがかなり減ります。

相手がどんなに親しい人であっても、触れられたくないことはあるものです。

他人から好かれるためには、人の痛みを察することが大切です。

「相手が嫌がることは言わない」と心がけると、人間関係もよくなっていくのです。

Point

相手にイヤな思いをさせないために、その人が傷つく話題は避ける

ときどき、手紙やハガキを書いてみる

『7つの習慣』の著者であるスティーブン・コヴィーの言葉に、次のようなものがあります。

「自分の考え、経験、思いつき、学んだことなどを記録として日記につけることは、知力の明瞭性、正確さなどを向上させるだろう。手紙を書くことも、自分の考えを明確に伝え、論理を展開し、相手により深く理解してもらう表現力を高めるのに、役に立つことだろう」

特に、手紙を書くことは、相手のためにも、自分のためにも、さまざまなメリットがあります。

しかし、近頃は、手紙やハガキを書く人が少なくなってきました。

昔より電話が安く使えるようになり、さらに、インターネットが普及したためメールを簡単に出せるようになったからだと思います。

しかし、**手紙やハガキをもらうのは、今も昔も変わらずうれしいもの**なのです。

たいていの人は、「メールでいいのに、わざわざ手紙をくれるなんて、丁寧な人だな」というふうに感じて、その人にきっと好感を持つでしょう。

手紙やハガキのいいところは、相手の都合をそんなに考えなくて済むことです。

たとえば、特にこれといった用事がなくても、「お元気ですか？　最近どうしているか気になって、筆をとってみました」という内容でも、変に思われません。

しかし、電話だと、「相手の忙しい時間帯はいつだろう」とか「今は仕事中かな？」などと気にかけなくてはいけません。

一方、**メールは、手紙よりも「すぐに返信しなきゃいけない」という気持ちを相手に持たせてしまいやすい**のです。

まずは今週中に1枚、お世話になった人にハガキを出してみましょう。ちょっとした行動ですが、相手の心には大きなプラスの感情が生まれるはずです。

Point

少し手間をかけて手紙を書いてみると、相手の心に深くささる

Chapter 8

人に好かれるノート術のまとめ

- 約束を書き留めることを習慣化しよう
- 恩を大切にするためノートを活用しよう！
- 感謝の気持ちを書き出せば
相手の大切さがよりわかる！
- 相手に合わせた「ほめ言葉」を書き出してみよう
- 「励まし」はセンシティブだからこそ
書き出すのが大事！
- 会話の膨らみはお互いの共通点から生まれる！
- 人気者の真似で好かれる自分にさらに近づく！
- 気が利く人になるために
相手の性格や好みをしっかり把握しよう
- 相手の「痛み」をきちんと見極めよう
- 一通の手紙が相手の心に大きなプラスの感情を生む！

第 9 章

書けば書くほど人生が充実する

「恵まれていること」を書き出す

心をプラスにするには、今の自分に満足することが大切です。

しかし、人間の欲にはキリがありません。

仮に、思い通りの人生を歩めていたとしても、しばらく経つとそれに不満を感じ始め、新たな欲に心を奪われるようになります。

だからこそ、今の自分を上手にコントロールして、どんなときでも心が満足するように努力することが大切なのです。

心が満足する方法の一つに、自分が「恵まれているな」と感じていることを探して、紙に書き出すことです。

「不景気だけど、きちんと仕事があって、お給料もいただけている」

「ときどき気にかけて連絡をくれる友達や家族がいる」

「すべてではないけど、欲しいものは何とかすれば買うことができる」

これらはすべて、当たり前のようでいて、とても恵まれていることです。

世の中には、最低限の生活しかできず、困っている人がたくさんいます。仲間や家族がいなくて寂しい思いをしている人もいます。

その点、仕事やある程度のお金があって、食べることにも寝ることにも不自由せず、好きな趣味ができ、友人や家族がいるというのは、そうでない人たちから見たら夢のような生活です。

古代中国の哲学者である老子の言葉に、**「足《た》ることを知る者は富《と》めり」**というものがあります。

私たちが当たり前に感じていることの中に、恵まれている点が潜んでいます。

「今日も1日、元気に過ごせることに感謝」と書ける人の心は、毎日、プラスに傾きます。

「恵まれている」と気づくことで、人生は輝きだすのです。

Point

「自分はすでに恵まれている」と気づけば、心が満足する

自分に足りないものを考える

「自分が成長するために、変えるべきところは変えていこう」という心構えを持っている人の心は、プラスの感情であふれています。

そういう人は、自分の欠点をマイナスに受け止めず、「伸びしろ」と考えます。

そして、「自分に足りないことは何だろう?」と冷静に考えるのです。

自分の欠点や至らない点について考えると、苦しい気持ちになることもありますが、「悪いところは直そう」という前向きな気持ちは、必ず心を強くします。

ですから、気持ちに余裕のあるときを見はからって、ときどき、自分の欠点とそれを「どうすれば変えていけるか」を、ノートに書き出してみるといいでしょう。

「自分とは違う価値観を持つ人の考えを聞くと、否定してしまうことがある。いろいろな考え方を受け入れられるようになりたい」

「自分のことを知ってもらいたくて、一方的に自分の話ばかりしてしまうことがある。

もっと相手の話を聞けるようになりたい」

「今でも両親に食事をつくってもらったり、お小遣いをもらったりしている。そろそろ甘えるのはやめて、経済的にも精神的にも自立したい」

こんなふうに**書いてみると、いつもは見て見ぬふりをしていた自分の弱点をしっかりと自覚することができます**。

「自分に足りないことがよくわからない」という人は、誰かから「こうしたほうがいいよ」とアドバイスされたり、「こういうところは直したほうがいい」と苦言を呈されたりしたことを参考にしてみましょう。

アドバイスや苦言は聞いていて耳が痛くなりますが、実は、その中にこそ自分が成長するヒントが隠されているのです。

いつまでも自分のいたらなさを放置していると、これからも同じようなことで悩んだり、失敗したりすることになるので注意が必要です。

Point

自分の弱点を自覚して直そうとすると、精神レベルがグッと上がる

自分が輝けるものを探す

特に最近、「今が楽しければ、それでいい」「特別、成功したいとは思わない」という人が多くなっていると聞きます。

それで現状に満足していればいいのですが、実際は「いつまでも楽しいことなんて続かない」「成功するなんて、無理に決まっている」というふうに、自分の人生に対してあきらめの気持ちを持っている人も多いようです。

人間は、何か生きがいがないと、ラクなほうへ流れてしまうものです。

フリーターの夏美さん（仮名・25歳）は、「女性の幸せは恋愛だ」という考えの持ち主で、仕事や趣味はそっちのけで、男性と付き合ってばかりいました。

しかし、どんな男性と恋愛しても、最後は必ずふられてしまうのです。

そのたびに、心は深く傷ついてしまうのですが、しばらく経つと寂しくなってしまい、また他の男性とお付き合いを始めるのです。

そんなとき、夏美さんは知人の女性から、こんなことを言われました。

「人生には恋愛以外にももっと楽しいことがたくさんあるよ。他のことに目を向けてみたらどう？」

そこで夏美さんは、**真剣に「自分の生きがいを探してみよう」と思い、挑戦したいけど無理だろうとあきらめていたことを、ノートに書き出してみました。**

「フリーターをやめて、しっかりと腰を据えて働ける会社を探してみる」

「学生時代、趣味にしていたシュノーケリングをまた始めてみる」

「1年間、男性と付き合うのをやめて自分のことに集中する」

その後、夏美さんは正社員として就職できました。

「仕事はつらいこともあるけど、やりがいがあります。今思うと、以前の自分は、夢中で恋愛をすることで、思い通りにならない現実から逃げていたんだと思います」

そう語る夏美さんの表情は、自信に満ちあふれていました。

Point

自分の生きがいを真剣に考えておくと、人生がもっと楽しくなる

お金の流れをしっかり記録しておく

2002年にノーベル経済学賞を受賞した米プリンストン大学の心理学者、ダニエル・カーネマン教授は、お金と幸せに関するおもしろい研究をしました。

それによると、年収7万5000ドル（約900万円）までの人は、収入が多いほど、幸せだと感じる人が多いというのです。

つまり、**ある程度の金額までは、収入と幸せの関係は比例する**ということです。

確かに、現代の日本で好きなことをして、楽しく生きていくためには、ある程度のお金が必要です。

若い人の悩みの中では、お金に関するものも数多くあります。

「毎月の支払いと生活費だけで、給料がほとんど消えてしまう」

「どんなにがんばっても収入がアップしない」

といったような悩みを抱えている人はたくさんいます。

そこでおすすめなのが、お金の流れをノートに記録することです。

家計簿などの専門的なノートを使ってみてもいいと思います。

まずは、1カ月のお金の流れを書き出してみましょう。

「本当はそんなに欲しくないのに、何となく買ってしまった『不要品』がないか」

「洋服代、美容代、習い事代など、自分に投資するお金が多すぎないか」

「交際費、外食費などの突然の出費に、ムダなものはないか」

「毎月の固定費はどのくらいか。その中で削れるものはないか」

これらを念頭に書き出してみるだけでも、かなりの節約効果が期待できます。

面倒なら、レシートをとっておいてノートに貼るだけでもいいでしょう。

自分の中で、必要な出費とムダな出費があきらかになれば、自然とお金の管理が上手になります。

お金の心配をなくすことでも、心はかなりプラスに向かうのです。

Point

必要な出費とムダな出費を意識すれば、お金に困らなくなる

欲しいものがあるときは、必要な理由を考える

お金を貯めることは、未来の人生を充実させるために大切なことです。

しかし、「貯金をすることが苦手」という人もいると思います。その理由の一つとして、女性は男性に比べると、買い物好きな人が圧倒的に多いことがあげられます。

「今月はお金があまりない」と頭ではわかっているのに、デパートで好みの商品を見つけて、つい買ってしまったという経験は、誰にでもあることだと思います。

しかし、その商品がどんなに欲しくても、一歩立ち止まって、それが今の自分に本当に必要なものかどうかを、じっくり考えてみることが重要です。

欲しいものがあっても、とりわけ高価なものならば、その場では買わずに、一度、家に帰りましょう。

そして、**「何に使うのか」「どうして欲しいのか」などの買いたい理由を、具体的に書いてみるのです。**

たとえば、「どうしても手に入れたい」と思うような洋服を見つけたとします。

「今、持っている洋服がそろそろ傷んできたから、買い替えたい」

「友達の結婚式に着ていく洋服がないから、この機会に買っておきたい」

「これを買ったら、他の洋服にもいろいろ合わせられそう」

このような**明確な理由を書き出すことができたら、買ってもいい**と思います。

しかし、**「人に自慢したいから」「ただ単に欲しいから」といった理由しか出てこないなら、考え直したほうがいい**かもしれません。

買い物を楽しむことは、悪いことではありません。

しかし、**自分の物欲をコントロールできないというのは問題**です。

書き出すことで、物欲を抑制して、お金を上手に節約していきましょう。

「ムダな買い物をすることがなくなった」というだけで、金銭的にゆとりが生まれ、貯金もできるようになります。その結果、自分の自信にもつながるのです。

Point

欲しいものでも、必要がないときは我慢すると、お金が貯まって余裕が生まれる

勉強していきたいことを書き出す

「自分の知らないことを勉強したい」「もっと自分を高めたい」という向上心は、心にプラスの感情を生み出します。

「勉強は学生時代にだけするもの」と思っている人もいるかもしれませんが、実は社会人になってからする勉強のほうが本物です。

世の中は思っているよりずっと広いものです。ですから、自分が知っていることなど、ほんの一握りに過ぎないのです。

また、勉強をすると、これまで知らなかった世界が開けてくるので、自分でも思いもよらないような出来事や出会いに恵まれることもあります。

勉強熱心な美和子さん（仮名・29歳）は、定期的に「勉強していきたいこと」をノートに書き出しています。

これまで勉強してきたことは、主にこのようなことです。

「美術館巡りをして、名画をたくさん鑑賞して、作品の背景を学ぶ」
「クラシックコンサートへ足を運び、名曲を聴いて、作曲家のことを調べる」
「仏教に関する本を読んだり、お寺に法話を聞きにいったりして、人生を生き抜くコツや役に立つ教訓を学ぶ」

そして最近は、「冠婚葬祭の正しいマナーを身につけたい」という思いから、カルチャースクールに通っているそうです。

会社代表でお葬式に出席したときに、マナーがわからず困った経験をしたことが、美和子さんがマナーを学ぶ原動力になっているそうです。

「何かいいことないかなあ」と退屈そうにしている同僚の横で、美和子さんはいつもイキイキとしています。それは、学び、成長する自分を楽しんでいるからです。

詩人の相田みつをさんの言葉に**「一生勉強、一生青春」**というものがあります。

自分を磨くための勉強を続けていくと、いつまでも若くいられるのです。

Point

自分を高めるために教養を深めれば、一人前の大人になれる

「周りの人たちの役に立つこと」を書き出す

ノーベル物理学賞を受賞した天才科学者アインシュタインは、**「他人のために尽くす人生こそ、価値ある人生だ」**という言葉を残しました。

私たちは、自分が幸せになることを何よりも優先して考えるものです。

もちろん、自分を幸せにしていくことは、悪いことではありません。

しかし、**「自分が幸せになりたい」**という気持ちが強すぎると、**「自分だけが幸せになればいい」という自己中心的な考えに陥ってしまう**ことがあります。

心をプラスにするためには、自分の幸せと同時に、周りの人たちが幸せになることも考えることが大切です。

そのためにやってほしいのが、**自分が周りの人に対して「役に立てそうなこと」を探して、書き出してみる**ことです。

こういうと、「私ができることなんてあるとは思えない」「自分のことだけで精一杯だから他人にかまっていられない」と思う人もいるかもしれません。

確かに、「人の役に立つ」というと、とても大変なことをしなければならないイメージを持つ人も少なくありません。

しかし、少し視点を変えると、できそうなことが意外と見つかるはずです。

「悩みがある人がいたら、話を聞いてあげる」

「お給料をもらったら、その一部をどこかへ寄付する」

「誰かに幸せなことがあったら、お祝いしてあげる」

これくらいのことなら、がんばればできる気がすると思います。

「誰かの幸せを願う」ことだけでも、いいのです。

誰かのために注いだ自分のやさしさは、巡り巡って自分のところに戻ってきます。

充実した人生を送るには、自分も周りの人も一緒にハッピーになっていくことが一番大事なのです。

Point

周りの人がハッピーになることをすると、自分もハッピーになれる

「理想の1日」をイメージして、書き出す

「どんなことでも自分で決めて、自分の思った通りに行動したい」

誰でも、こんなふうに思ったことがあるはずです。

しかし、現実の社会ではそうはいきません。会社に行けば、決まった仕事をこなさなければなりません。休日でも、家族サービスや、友人からの遊びのお誘いでスケジュールはほとんど埋まっている、という人も多いと思います。

そうした生活が充実していて、「楽しい」と思えるなら問題はありません。

でも、「本当は会社の飲み会の参加は少なくしたい」「休日は他にもっとやりたいことがある」「これ以上、時間に縛られたくない」とモヤモヤしているなら、その生活は改善したほうがいいといえるでしょう。

そこでおすすめするのが、**「理想の1日」を自分なりにイメージして、ノートに書き出してみる**ことです。

「朝6時に起床して、近所を散歩したあとに、カフェで朝食を食べる。それから会社へのんびり出勤して、自分のペースで仕事を進めていく。ちょうど新しいアイディアを思いついたので、上司に企画書を提出してみた。定時で仕事を終えた後は、友人と好きな映画を観に行く」

「休日は久々に一人で過ごす。朝8時に起床して、ゆっくり朝食を食べながら、読書をする。特に何も予定を入れていないけど、『花を見に行きたいな』と思い立ったので、少し遠くのバラ園に出かける。バラの美しさを堪能しながら、ランチを食べて、優雅な気分にひたる」

こんなふうに、**具体的に書いていくと、自分が本当はどんなふうに生活していきたいかが、わかってきます。**

そして、**理想の毎日がクリアになると、現実になる可能性もグッと高まります。**

Point

自分のしたい生活を具体的にイメージすると、いつか現実のものとなる

今後の人生計画を立ててみる

「人生は、自分の力ではどうすることもできない」「周りの環境によって、自分の人生は左右される」と考えている人がいます。

確かに、そういう側面もあります。

真面目に生きていても、予想外のアクシデントや不幸に見舞われることもあります。生い立ちや経済状況に恵まれなかったために、苦労することもあります。

しかし、**「自分の人生は自分で切り開く」という信念さえあれば、未来を自分の望むほうへ変えていくことは十分に可能**です。

心が弱っていると、「今、人生がつまらないから、未来もきっと暗い」とマイナスの思い込みをしてしまいますが、それは決して事実ではありません。

どんな人にとっても、未来は白紙の状態です。この先、人生がどうなるかなんて、実際のところ誰もわからないのです。

心の強い人は、「未来はこんなふうに過ごしたい」と今後の人生について計画を立てています。なぜなら、自分の価値観に沿った生き方をしていくことが、人生の充実度につながっていくことを実感しているからです。

そこで、やってみてほしいのが、今後10年の人生計画を書いてみることです。

「好きなことを仕事にして食べていく。結婚はご縁があればしたい」

「会社から独立して、35歳までに会社をつくる。40歳までは独身でがんばる」

このように、書き出していくと、おのずと自分の生きたい道がわかります。

散歩のついでに富士山に登った人はいません。

富士山に登ろうと決めて、準備をして、実際に行動することで、初めて頂上まで登れるのです。

人生もそれと同じです。望まなければ始まりません。

人生の計画を真剣に立てるだけでも、心がプラスになります。

Point

自分らしく生きるために、未来の人生設計を描く

「もしものとき」を想像して、絶対にやっておきたいリストをつくる

日本は世界有数の長寿国です。

誰でも「できれば、元気に長生きしたい」と考えていることでしょう。

しかし、その一方で「もしも突然重い病気になったら、どうしよう」「命にかかわることに見舞われたらどうしよう」と不安を抱える人も少なくありません。

そこで、やってほしいのが、**「もしものとき」を想像して、絶対にやっておきたいことをリストにしておくこと**です。

「自分が死ぬときに後悔したくないことは、どんなことだろう？」と自分の心の奥底に問いかけてみてください。

「縁起でもないことは考えたくない」と思う人もいるかもしれませんが、いつ何が起こるかがわからないのが人生です。

後悔しない人生を送るためにも、何を差し置いてもやっておきたいことを、リスト

にして書き出してみましょう。

「運命の人と結婚して、幸せな家庭を築きたい」

「世界各国を旅行して、その国の文化に触れたい」

「今まで育ててくれた両親に、二人が望むものをプレゼントしたい」

「女性向けのキャリア・カウンセリングを仕事にして、自分の地位を確立したい」

「自然の豊かな地域に住んで、スローライフを実現したい」

「今の会社で出世して、自分の采配で仕事ができるようになりたい」

このように、絶対にやっておきたいことがわかると、それを実現しようとすることが生きる原動力につながってきます。

「時間をムダにしないで、充実した生活を送りたい」と思うようになってきます。

人生には限りがあります。若いときから、「1秒でも大切に生きよう」と意識して生きると、心は確実にプラスに向かい、強くなっていくのです。

Point

「やりたいこと」のために毎日を大切に生きると、後悔しなくなる

Chapter 9

人生が充実するノート術のまとめ

- 当たり前のようで、とても恵まれている毎日に感謝しよう
- 自分自身に向け耳の痛いアドバイスを送ってみよう
- 本当の生きがいを探してみよう
- 書けばお金の出し入れもしっかり管理できる！
- 「買う！」「我慢できない！」という感情を書いて欲をコントロールしよう
- 「勉強したいことリスト」をつくってみよう
- 「自分以外の幸せ」を書き出してみよう
- 「本当に自分が送りたい1日」をイメージしてみよう
- 自己流10年後の「未来予想図」を描いてみよう
- 充実した人生のため「死ぬまで絶対にやっておきたいこと」を明確にしておこう

今すぐ使える

シチュエーション別
ノート例 20

1. 日々の生活に不満を感じたとき

- 自宅と職場の距離が遠くて、通勤が大変。早起きするのもつらい
- 私ばかり手のかかる仕事を押しつけられていて、他の人がラクをしている
- 最近、恋人がそっけない気がする。何かやましいことでもあるはず！
- 英会話を習い始めたけど、なかなか上達しない
- 最近、流行っているテレビ番組が苦手。うるさいだけで、何がおもしろいのかが、まったくわからない

☞ グチをはき出したらスッキリした！

2. マイナス思考になりがちなとき

- 何をやっても飽きるのが早い
- 一人で買い物をしたり、外食をしたりするのが不安
- 私はずっと勉強ができなかったし、今からやってもきっとダメだろう

☞ 書き出して、
さらに「という思い込みを手放します」と
加えて読んでみたら、
悩みがちっぽけだったことに気づいた！

3. つらい出来事に直面したとき

- 彼にふられたのは、私に合う人は他にいると神様が教えてくれたんだ。そういえばあの人は、思いやりの足りない人だった。次は、思いやりのある男性と交際しよう
- 病気になったということは、これまでの生活習慣に問題があったのかも。症状が重くならないうちに、忙しい生活を見直すことができてよかった

☞ 学んだことを書き足したら、
次につながるプラスの面が発見できた！

4. 心が傷ついたとき

- 真剣に取り組んだ仕事なのに、思うような結果が出せなかった……

→ あなたは一生懸命、できるかぎりの仕事をしていた。今回は思うような結果が出なかったけど、次はきっとうまくいく！

- 誰かが私について根拠のないウソのウワサを流しているみたいだ……

→ ウソのウワサを流されたって、気にする必要はない。あなたの実力はみんな知っているんだから。ウワサ話を流した相手には、いつかきっと罰があたるはず！

☞ 自分で自分を慰めたら、
打たれ強い自分になってきた！

5. 人に対してイライラしたとき

- 母親と話したくない。自分がやることに対して「それはダメ」と反対ばかりするから

→私は、お母さんが私を心配してくれるのはうれしい。だけど、私ももう大人だから自分のことは自分で決めるね

☞ イライラの原因と、「自分主語」で相手に言いたいことを考えたら、解決策が見えてきた！

6. 相手がどう考えてもおかしいと思ったとき

- 私は、「年上の人に対しては、どんなときでも敬語を使うのが当たり前」という価値観を持っている
- 私は、「誰かからプレゼントをもらったら、何かお返しするのが常識」という価値観を持っている

☞ 自分が正しいと思うことを書き出してみたら、人によって価値観が違うことに気づけた！

7. コンプレックスに悩んだとき

- 人見知りで、大勢の人と上手にコミュニケーションを取ることが苦手

➡ 本当に好きな人と深い関係を築くことができる
➡ 一人一人とゆっくり時間をかけて、信頼関係をつくることができる
➡ 自分の時間を多く取れるため、読書などの趣味に没頭できる

☞ あえて自分のコンプレックスを書き出し、
それをプラスの言葉に置き換えたら、
自分の新しい魅力が見えてきた！

8. 自分のことがなかなか認められないとき

- 今日は早起きしてお弁当をつくることができた。いつもなら、朝はバタバタして、お弁当をつくる時間なんてないのに、よくがんばった！
- 帰り道に、外国人の女性に道を聞かれたので、現地まで案内してあげた。困っている人に親切にできた（しかも苦手な英語で！）。えらい！

☞ 自分への「ほめ日記」をつけたら、
うれしくなってきた！

9.「この人苦手」と思ったとき

- 上司はいつもグチばかり言っているけど、部下が仕事でトラブルを起こしたときは必ず助けてくれる
- うちの隣りの人は自己中心的で協調性が足りないけど、自分の意見をしっかり持っていて、他人の悪口は絶対に言わない
- 同じ部署の由美さんは時間にルーズなところがあるけど、いつもニコニコしていて怒っているところを見たことがない

☞ 苦手な人のプラス面を書き出したら、
一緒にいてもストレスを感じなくなった！

10. なかなか望むようにいかないとき

- 高校のとき片思いしていた相手にふられたけど、あとから、その人よりもっと素敵な人と出会うことができた
- 第一志望の大学は落ちてしまったので第二志望の大学に入学したら、親友ができた

☞ 思い通りにいかなくて、
かえってよかった思い出を書いたら、
幸せな希望が持てるようになった！

11. 深い迷いが生じたとき

● 結婚したら仕事どうしよう?

➜ 仕事を続けるメリットは「結婚後も安定して収入を得られるから、家計を助けることができる」「がんばって節約をしなくても、将来のために貯金ができる」「夫に気兼ねすることなく、自分の好きなものを買うことができる」「家庭以外の世界を持つことで、夫に依存せずに充実した生活ができる」etc.

➜ 仕事を続けるデメリットは「忙しくて、掃除や料理などの家事が手抜きになってしまう可能性がある」「お互い時間が合わなくて、夫と一緒に過ごす時間が少なくなる」「出産をするタイミングをつかむのが難しそう」etc.

☞ 迷いのメリット、デメリットを書き出したら、進むべき道が見えてきた!

12. 恋愛がうまくいかないとき

● 「イケメンな人」

➜ 「電話やメールをマメにくれる人」

● 「周りの同年代の男性より年収が高い人」

➜ 「仕事で困ったら、相談ができる人」

● 「いろいろプレゼントしてくれる人」

➜ 「のんびり公園を散歩するようなデートを楽しめる人」

☞ 相手と一緒に心から楽しめることを挙げたら、付き合いたい恋人像が明確になった!

13. 毎日の生活が楽しくないと思ったとき

- 電車が意外と空いていたから、席に座って本を読めた
- お昼休みに食べたランチが、おいしいうえにお得な値段だった
- 珍しく上司に「残業しなくても大丈夫」と言われたので、定時で帰ることができた
- 帰り道にお気に入りの雑貨屋さんへ寄ったら、好みのバッグを見つけた

☞ 1日の終わりに
今日あった「小さないいこと」を書いてみたら、
どんどんいいことを
見つけられるようになった！

14. わけもなく憂うつだなぁと感じたとき

- 1週間の休みをとって、南の島に行く
- 山や高原など自然豊かな場所でキャンプをする
- 海でクルージングを楽しむ
- 自宅に友人を招待してホームパーティーを開く

☞ いつもと違うことを計画してみたら、
マンネリ感から抜け出せた！

15. なかなか夢を持てないとき

- 今年こそ、ファイナンシャルプランナーの資格を取りたい
- 富士山の登山にチャレンジしてみたい
- 今、片思い中の○○さんと恋人同士になりたい
- ５キロダイエットして、ミニスカートやワンピースを可愛く着こなしたい

☞ 夢を「願い事」にして書き出し、
いつも眺め返していたら、
引き寄せることができた！

16. 夢の実現をあきらめそうになったとき

- 大学に社会人入学したいけど勉強がつらい……

➔ 大学に入学できれば、もっと専門的なことを学べる
➔ 大学で勉強することで、キャリアップすることができる
➔ 社会にいる同じ学校の卒業生と、強いつながりが得られる

☞ 夢のメリットを具体的に書いたら、
心が折れなくなった！

17. 好かれたい相手が見つかったとき

- 先輩の○○さんとは、同じ大学の出身
- 最近知り合った○○さんとは、年齢が同じで、以前住んでいた場所が近い
- 課長とは、通っているスポーツクラブが同じらしい
- 知人の○○さんは、自分と同じく、昔バイオリンを習っていたようだ
- 片思いの○○さんとは、好きなタイプの映画が同じようだ

☞ 相手との共通点を探し出したら、
会話が弾むようになった！

18. 自分の現状に満足できないとき

- 不景気だけど、きちんと仕事があって、お給料もいただけている
- ときどき気にかけて連絡をくれる友達や家族がいる
- すべてではないけど、欲しいものは何とかすれば買うことができる
- 今日も１日、元気に過ごせることに感謝

☞ 当たり前だと思っていたことを書き出したら、
自分が恵まれていることに気づいた！

19. お金が貯まらないなぁと感じたとき

- 本当はそんなに欲しくないのに、何となく買ってしまった「不要品」がないか
- 洋服代、美容代、習い事代など、自分に投資するお金が多すぎないか
- 交際費、外食費などの突然の出費に、ムダなものはないか
- 毎月の固定費はどのくらいか。その中で削れるものはないか

☞ お金の流れを書き出したら、
ムダな出費が意識できるようになった！

20. 「もしものとき」を考え不安になったとき

- 運命の人と結婚して、幸せな家庭を築きたい
- 世界各国を旅行して、その国の文化に触れたい
- 女性向けのキャリア・カウンセリングを仕事にして、自分の地位を確立したい
- 今まで育ててくれた両親に、二人が望むものをプレゼントしたい
- 自然の多い地域に住んで、スローライフを実現したい
- 今の会社で出世して、自分の采配で仕事ができるようになりたい

☞ 人生で絶対にやりたいことを書いたら、
「1秒でも大切に生きよう」という
意識が高まった！

[著者略歴]

植西聰（うえにし・あきら）

東京都出身。著述家。

学習院高等科、同大学卒業後、資生堂に勤務。

独立後、「心理学」「東洋思想」「ニューソート哲学」などに基づいた人生論の研究に従事。

1986年、体系化した『成心学』理論を確立し、人を元気づける著述を開始。

1995年、「産業カウンセラー」（労働大臣認定資格）を取得。

『よいことを続けると、よいことが起こる8つのルール』『悲しみを乗り越える禅の教え』（ともにビジネス社）他、著書多数。

＜近著＞
●人生が変わる！ 1%の法則（青春出版社）
●覚悟のコツ（リンダパブリッシャーズ）
●やる気のコツ（自由国民社）
●逆境力のコツ（自由国民社）
●忘れたいことを忘れる練習（フォレスト出版）

愛と幸せが現実になる魔法のノート術

2015年7月1日　　　第1刷発行

著　者　植西 聰
発行者　唐津 隆
発行所　株式会社ビジネス社
〒162-0805　東京都新宿区矢来町114番地 神楽坂高橋ビル5F
電話　03(5227)1602　FAX　03(5227)1603
http://www.business-sha.co.jp

〈印刷・製本〉中央精版印刷株式会社
〈装丁・本文デザイン〉中村聡
〈編集担当〉大森勇輝　〈営業担当〉山口健志

ISBN978-4-8284-1823-0